小学语文
基础知识

字词句段篇积累

总 主 编：牛胜玉
本册主编：牛 鹏
　　　　　孙 珺

辽宁教育出版社

使用说明

1 易错字辨识

把形近字放在一起组词造句,形成串珠式联想模式,精美插图有助于形象记忆。

郊(jiāo)	郊外	郊区
11. 效(xiào)	效果	效率
绞(jiǎo)	绞车	绞架

绞车

造句:郊区建筑工地上的绞车通过改造,工作效率提高了很多。

2 近义词辨识

将小学阶段常用的近义词分组呈现,并对重点词语进行辨析。

毕生	终生	一生		薄弱	脆弱	软弱
边缘	边沿	边际		变化	改变	转变
辩论	争辩	争论		辨别	辨认	分辨
标记	标志	记号		表扬	表彰	赞扬

"**辨别**"重在对两个以上的事物加以区别,只作为动词使用,如"辨别方向"。"**辨认**"是指经过辨别之后做出判断,并且找出或认定某一对象,如"辨认出这是李明的字迹"。

3 四字词语归类

将四字词语按照不同的标准进行归类,对重点词语进行解释或放在语境中加深理解。

"无×之×"式

| 无价之宝 | 无米之炊 | 无源之水 | 无本之木 |
| 无名之辈 | 无人之境 | 无稽之谈 | 无妄之灾 |

无源之水:没有源头的水,表示没有基础的事物。
无稽之谈:指毫无根据的言论。

4 巧记歌诀

以口诀形式记忆知识要点,既具有实用性,又具有趣味性。

> **巧记歌诀**
>
> 单韵母,最可爱,声调帽子头上戴。有a别放过,没a找o、e。i、u并列标在后,i上标调把点抹。单个韵母不用说,轻声从来不标调。

5 方法技巧

提炼重难点知识的学习方法,使学习事半功倍。

> **方法技巧**
>
> ①陈述句改反问句时,一定要加上"难道、怎么、岂能、岂"等反问词,句末还要加上"吗、呢"等语气词,把句号改成问号。
>
> ②反问句改陈述时,要去掉反问词和语气词,再把问号改成句号。

6 特别提示

对易错点进行提示,对易混点进行区分,便于对重难点内容的理解。

> **特别提示**
>
> **反问与设问的区别**
>
> ①设问不表示肯定什么或否定什么,反问则明确表示肯定和否定的内容。
>
> ②反问的作用是加强语气;设问的作用是提出问题,引起注意,启发思考。

借是不借

目录

第一部分 汉语拼音

一、字母表 …………………… 1
二、声母表 …………………… 1
三、韵母表 …………………… 2
四、整体认读音节 …………… 2
五、声调和标调 ……………… 3
六、隔音符号 ………………… 4
七、拼写规则 ………………… 5

第二部分 识 字

一、汉字的笔画 ……………… 6
二、汉字的偏旁部首 ………… 7
   常用汉字部首名称表 …… 7
三、小学生常见易错字辨识 … 9
  ● 二画 ……………………… 9
    卜
  ● 三画 ……………………… 10
    大 万 川 么 己

- 四画 ·················· 10
专 匹 冈 仁 仇 仍 勿 为 予 幻
- 五画 ·················· 12
未 正 厉 帅 号 叼 丘 训 召 母
- 六画 ·················· 13
考 托 亚 肉 传 杂 壮 州 尽 纤
- 七画 ·················· 14
违 坊 束 歼 县 吨 邮 钉 皂 龟
冶 汽 即 劲
- 八画 ·················· 16
奉 拖 茎 虏 昌 鸣 垂 佩 肺 胀
郊 券 泡 泼 宜 视 肃 承 练 驼
- 九画 ·················· 19
奏 垮 挤 贱 柿 骨 钩 牲 卸 俩
侮 泉 须 狭 哀 迹 疫 阁 迷 逆
染 扁 怒 怠 骆
- 十画 ·················· 22
晕 哨 倘 徒 赌 胸 衰 烘 剖 脊
浙 悄 泰 素 恭 栗 烈 较 晓 祥
屑 颂 绢

- 十一画 ·················· 25
堵 掀 菌 菊 爽 雀 眸 偶 馅 庸
族 兽 寇 颈 绿
- 十二画 ·················· 27
琴 堤 插 援 散 落 逼 厦 暂 喇
幅 傅 御 奥 羡 溉 窝 窗 强 缘
- 十三画 ·················· 30
填 携 蒜 蒸 禁 鉴 愚 遣 键 毁
遥 腹 塑 溜 滚 叠 缠 搏
- 十四画 ·················· 32
摧 弊 模 聚 赚 鲜 裹 漆 寨 翠
- 十五画 ·················· 34
撒 撤 踏 黎 墨 僵 德 劈
- 十六画 ·················· 35
燕 默 辩
- 十七画 ·················· 35
藏 蹈 赢
- 十八画 ·················· 36
覆 镰 翻
- 十九画 ·················· 36
颤

- 二十画 ·················· 36
  壤 籍
- 二十一画 ················ 37
  露
- 二十三画 ················ 37
  罐

四、多音字 ················· 37
五、形近字 ················· 55
六、小学生易读错的字 ········· 88
七、生活中易读错的地名 ······· 94
八、生活中易读错的姓氏 ······· 95
九、广告中刻意错用的字 ······· 96

第三部分 写 字

一、汉字的笔顺 ·············· 100
  笔顺规则表 ·············· 100
  小学阶段容易写错笔顺的字 ······· 101
二、汉字的间架结构 ············ 106
  汉字间架结构表 ············ 106
三、小学生易写错的字 ·········· 107

第四部分 词 语

一、小学生常见近义词 ………… 114
二、小学生常见反义词 ………… 130
三、小学生常用词语归类 ……… 141
　　常见叠词 …………………… 141
　　含特定字的词语 …………… 142
四、小学生常用四字词语归类 … 145
　　根据结构分类 ……………… 145
　　根据所含字分类 …………… 149
　　根据用法分类 ……………… 156
　　根据来源分类 ……………… 167
五、谚语精选 …………………… 168
六、歇后语精选 ………………… 173

第五部分 句 子

一、句子的类型 ………………… 181
二、关联词语 …………………… 184
三、造句 ………………………… 188
四、改写句子 …………………… 190
五、整理句序 …………………… 197

六、修改病句 …………………… 198
七、名言警句 …………………… 206
八、对联 ………………………… 214

第六部分　标点符号

一、标点符号的种类 …………… 218
二、常用标点用法举例 ………… 218

第七部分　修　辞

一、比喻 ………………………… 225
二、拟人 ………………………… 226
三、夸张 ………………………… 227
四、排比 ………………………… 229
五、反问 ………………………… 229
六、设问 ………………………… 230
七、对比 ………………………… 231
八、对偶 ………………………… 231
九、反复 ………………………… 232
十、引用 ………………………… 233

第八部分　古 诗 词

第一部分 汉语拼音

一、字母表

A a	B b	C c	D d	E e	F f
G g	H h	I i	J j	K k	L l
M m	N n	O o	P p	Q q	R r
S s	T t	U u	V v	W w	X x
Y y	Z z				

二、声母表

b	p	m	f	d	t	n	l
g	k	h	j	q	x	zh	ch
sh	r	z	c	s	y	w	

特别提示

有些音节开头没有声母,如"安(ān)""恩(ēn)""袄(ǎo)""藕(ǒu)"。我们把这些开头没有声母的音节叫作"零声母"音节。

三、韵母表

单韵母(6个)：a o e i u ü

复韵母(8个)：ai ei ui ao ou iu ie üe

前鼻韵母(5个)：an en in un ün

后鼻韵母(4个)：ang eng ing ong

特殊韵母(1个)：er

> **特别提示**
>
> ①特殊韵母er自成音节，它不与任何声母相拼，单独为汉字注音。例如：儿(ér)，耳(ěr)，二(èr)。
>
> ②er自成音节时写法不变。
>
> ③er作为儿化音韵尾时，省去e，直接在原音节后面加r。例如：花儿(huār)，嘴儿(zuǐr)，板擦儿(bǎncār)。

四、整体认读音节

zhi chi shi ri zi ci si yi wu yu

ye yue yin ying yun yuan

> **特别提示**
>
> 　　整体认读音节是独立的音节,不再和其他声母组成新的音节。

五、声调和标调

❶ 声调

　　字音的高低升降的变化叫声调,它是音节中不可缺少的部分,有区别字义的作用。相同的音节标上不同的声调就会产生不同的读音,表示不同的意思。例如:mā(妈),má(麻),mǎ(马),mà(骂)。

　　普通话声调有四类,即阴平(-)、阳平(ˊ)、上声(ˇ)、去声(ˋ),也称作第一声、第二声、第三声、第四声,统称为"四声"。四声的读法:一声平,二声扬,三声拐弯,四声降。

❷ 标调方法

　　汉语声调符号的标记位置有两种情况:

　　(1)声母和复韵母、鼻韵母相拼时,声调符号要标记在主要元音上,即哪个发音最响亮就标在哪一个上,也就是标在开口度最大的元音上。声调符号标记的次序是 a、o、e、i、u、ü(韵母iu,调号标在 u 上面是例外)。例如:陪(péi),袍(páo),秀(xiù),狂(kuáng)。

(2)声母和单韵母相拼时,声调符号要标记在元音上。例如:洒(sǎ),则(zé),治(zhì),突(tū),我(wǒ)。

巧记歌诀

单韵母,最可爱,声调帽子头上戴。有 a 别放过,没 a 找 o、e。i、u 并列标在后,i 上标调把点抹。单个韵母不用说,轻声从来不标调。

六、隔音符号

a、o、e 开头的音节连接在其他音节后面的时候,如果音节的界限发生混淆,则用隔音符号(')隔开。例如:pi'ao(皮袄)。为了看清楚,有时也用隔音符号。例如:hǎi'ōu(海鸥)。

七、拼写规则

❶ j、q、x 和 ü、üe、ün 相拼时,ü 上两点要省略。例如:jū(拘),què(确)。

❷ n、l 和 ü 相拼时,ü 上两点要保留。例如:lǚ(旅),nǚ(女)。

❸ 韵母"i"上需加声调时,"i"上的一点要省略。例如:lì(丽),nín(您)。

❹ 韵母"o"一般只跟声母 b、p、m、f 相拼。例如:bó(脖),pò(破),mō(摸),fó(佛)。也可跟 y、w、l 相拼,例如:yō(哟),wò(沃),lo(咯)。

❺ 韵母"e",除"么(me)"字外,不跟声母 b、p、m、f 相拼。

❻ 韵母"ü",不跟声母 b、p、m、f 相拼。

巧记歌诀

小 ü 有礼貌,见了 j、q、x 就脱帽。ü 拼 n 和 l,两点省不得。i、in、ing 前无声母,加个 y 母来弥补。ü 前无声母,ü 要改成 yu。b、p、m、f 四声母,只拼 o 来不拼 e("么"除外)。

第二部分　识　字

一、汉字的笔画

常见笔画名称表

笔画	名称	例字	笔画	名称	例字
丶	点	主	㇇	横撇	水
一	横	十	乚	竖提	民
丨	竖	中	𠃋	撇折	公
丿	撇	八	㇈	撇点	女
㇏	捺	人	乙	横折弯钩	九
㇀	提	地	𠃊	竖折	山
亅	弯钩	狗	𠃑	竖折折	马
亅	竖钩	小	㇉	横折折撇	延
㇂	斜钩	我	㇋	横撇弯钩	队
乚	竖弯	四	㇊	横折提	记
ㄴ	竖弯钩	儿	𠄎	横折折折钩	乃
乛	横钩	写	㇃	卧钩	心
𠃍	横折	口	㇄	竖折撇	专
㇆	横折钩	月	㇎	横折折折	凸

二、汉字的偏旁部首

常用汉字部首名称表

部首	名称	例字	部首	名称	例字
冫	两点水	冷	目	目字旁	盯
宀	秃宝盖	写		目字底	眉
刂	立刀旁	制	月	月字旁	腹
讠	言字旁	论		月字底	臂
夕	夕字旁	外	衤	衣字旁	补
广	广字头	底	纟	绞丝旁	红
辶	走之底	过	人	人字头	仓
寸	寸字旁	封	八	八字底	共
扌	提手旁	打	厂	厂字头	历
土	提土旁	地	力	力字旁	加
艹	草字头	花	又	又字旁	艰
大	大字头	套	亻	单人旁	侵
小	小字头	肖	卩	单耳旁	却
口	口字旁	吃	罒	四字头	罢
疒	病字头	疼	皿	皿字底	盅

7

部首	名称	例字	部首	名称	例字
穴	穴宝盖	空	钅	金字旁	钉
门	门字框	闷	灬	四点底	点
巾	巾字旁	幅	心	心字底	想
山	山字旁	峡	止	止字旁	武
彳	双人旁	徐	礻	示字旁	祖
犭	反犬旁	猎	户	户字头	扇
尸	尸字头	屋	王	王字旁	理
饣	食字旁	饭	木	木字头	杏
弓	弓字旁	张	木	木字旁	林
女	女字旁	她	木	木字底	染
女	女字底	姿	车	车字旁	轻
阝	左耳旁	陆	日	日字头	是
阝	右耳旁	郑	日	日字旁	晴
廴	建之底	延	日	日字底	暂
马	马字旁	驴	父	父字头	爹
马	马字底	驾	氵	三点水	流
方	方字旁	旋	牛	牛字旁	牧

部首	名称	例字	部首	名称	例字
彡	三撇旁	形	虍	虎字头	虑
宀	宝盖头	字	竹	竹字头	篮
忄	竖心旁	情	舟	舟字旁	船
攵	反文旁	敏	走	走字旁	赵
斤	斤字旁	欣	角	角字旁	解
耳	耳字旁	耶	足	足字旁	路
西	西字头	要	页	页字旁	领

所有的部首都是偏旁,但偏旁不一定是部首,偏旁的数量要比部首多。

三、小学生常见易错字辨识

 二画

bǔ
卜

巧记多音字"卜":这个占卜(bǔ)的人喜欢吃萝卜(bo)。

dà	wàn	chuān	me	jǐ
大 大	万 万	川 川	么 么	己 己

1. 巧记多音字"大":作为大(dài)夫,他的为人大(dà)家都了解。

2. "万"字的笔顺:一丁万。

3. 川:本义是河流,不是山。如"川流不息"。

4. 么:音节是 me,不是 mo。

5. 己、已、巳(sì)的区别:堵(dǔ)"巳"不堵"己",半堵不堵才是"已"。三者形近义异,注意区分。

zhuān	pǐ	gāng	rén	chóu
专 专	匹 匹	冈 冈	仁 仁	仇 仇

1. 专:第三画是"乚",不要分成两笔来写。读 zhuān,不读 zuān。

2. 匹:读 pǐ,不读 pī;带有"匸"的字,在书写时要最后写末笔竖折(乚)。如"巨"字的笔顺:一丅月巨。

3. 冈:读 gāng,注意与"岗(gǎng)位"的"岗"区别开。

4. 仁:读 rén,不读 yín。

5. 仇:用于姓时读 Qiú。

réng	wù	wéi	yǔ	huàn
仍	勿	为	予	幻

6. 仍:只读 réng,不读 rēng。

7. 勿:表示禁止或劝阻,相当于"不要",如"请勿入内"。与"匆(cōng)忙"的"匆"要区分开。

8. 巧记多音字"为":他的所作所为(wéi)无异于为(wèi)虎作伥(chāng)。

9. 予:读 yǔ 时表示"给"的意思,如"予人口实";表示"我"的意思时读 yú,如"予取予求"。

10. 幻:右边不要加一撇写成"幼"。

幻(huàn)幻想　幻灭
幼(yòu)幼稚　幼儿

幼儿

五 画

wèi	zhèng	lì	shuài	háo
未	正	厉	帅	号

1. 未与末的区别：上横短是"未"，如"未必"；上横长是"末"，如"末端"。

2. 巧记多音字"正"：正（zhēng）月初六那天，他正（zhèng）好不在家。

3. lì ⎰ 厉（严厉） / 历（日历） / 励（鼓励）

4. ⎰ 帅（shuài）元帅 / 师（shī）老师

5. 巧记多音字"号"：虽然外面北风怒号（háo），但领到特殊任务的代号（hào）007 的特工还是出发了。

diāo	qiū	xùn	zhào	mǔ
叼	丘	训	召	母

6. 叼：最后一笔是（丿），与"叨（dāo）念"的"叨"要区分开。

7. ⎰ 丘（qiū）山丘 / 乒（pīng）乒乓球 / 兵（bīng）士兵

8. xùn ｛训(教训)(训斥)
　　　 驯(驯服)(驯化)

造句:他因为没有驯服那匹野马,遭到了将军的训斥。

9. 召:读 zhào,不读 zhāo。如"号召"。

10. "母"字的笔顺:乚乚𠃋母母。

kǎo	tuō	yà	ròu	chuán
考	托	亚	肉	传

1. 考:右下角是"㇉",不要写成"与"。

2. 巧记"托"字:伸手(扌)拔一毛。

3. 亚:读 yà,不读 yǎ。如"亚洲"。

4. 肉:读 ròu,不读 yōu。

5. 巧记多音字"传":你为这本名人传(zhuàn)记所做的宣传(chuán)很不错。

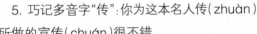

zá	zhuàng	zhōu	jìn	xiān
杂	壮	州	尽	纤

6. 杂:下半部是"朩",不是"木"。

7. zhuàng ｛壮(壮丽)(壮大) / 状(形状)(军令状)｝

造句:他立下军令状,保证会在三日内壮大守军队伍。

8. zhōu ｛州(广州)(柳州) / 洲(绿洲)(欧洲)｝

"州"字多用于一个国家中的地名。

9. 巧记多音字"尽":尽(jǐn)管我已经尽(jìn)力了,但还是失败了。

10. 巧记多音字"纤":这种纤(qiàn)绳的纤(xiān)维很粗。

七 画

wéi	fáng	shù	jiān	xiàn
违	坊	束	歼	县

1. 违:读 wéi,不读 wěi。如"违背"。

2. 巧记多音字"坊":这个染坊(fáng)的主人喜欢天一书坊(fāng)的书。

3. 巧记"束"字:口在木中。

4. 歼:读jiān,不读qiān。如"歼灭"。

5. 县:注意里面是两横,与"具体"的"具"区分开。

6. {吨(dūn)一吨 吨位
   纯(chún)纯洁 纯净水

造句:王叔叔自己开车,拉着一吨纯净水赶往灾区,参与救援行动。

7. 邮:读yóu,不读yōu。如"邮局"。

8. 钉:当名词时读dīng,如"钉子";当动词时读dìng,如"钉钉子"。

9. 皂:读zào,不读翘舌音zhào。如"肥皂"。

10. 巧记"龟"字:一刀(勹)砍掉电头。

11. {冶(yě)陶冶 冶炼
    治(zhì)治病 治愈

12. qì
{汽(汽水)(蒸汽机)
气(空气)(气冲冲)

造句:他气冲冲地把汽水瓶子扔在了爸爸的书桌上。

气冲冲

13. 即:读 jí,不读 jì;与"既然"的"既"区分开,注意是"即使",而不是"既使"。

14. 巧记多音字"劲":她写字苍劲(jìng)有力,干活也劲(jìn)头十足。

八 画

| fèng | tuō | jīng | lǔ | chāng |
| 奉 | 拖 | 茎 | 虏 | 昌 |

1. 巧记"奉"字:三人同骑无角牛(丰)。如"无私奉献"。

2. tuō
{拖(拖鞋)(拖拉)
托(托住)(托福)

造句:穿着拖鞋的爸爸脚底一滑,没能托住茶盘,打碎了好几个杯子。

3. 茎:读 jīng,不读 jìng。如"数茎白发"。

4.
- 虏(lǔ)俘虏
- 虑(lǜ)考虑
- 虎(hǔ)老虎
- 虚(xū)虚心

5.
- 昌(chāng)昌盛
- 冒(mào)冒险

míng	chuí	pèi	fèi	zhàng
鸣	垂	佩	肺	胀

6.
- 鸣(míng)鸟鸣 鸣叫
- 呜(wū)一命呜呼 呜咽(yè)

造句：她被低沉的鸟鸣声感染，想到孤身漂泊异乡，不禁呜咽起来。

7. 巧记"垂"字：千士一条心，腰间用草(艹)围。如"垂直"。

8. 佩：第五画是短横，不要写成撇。

9. 肺：右半部分是"市"，不要写成"市"。如"没心没肺"。

10. zhàng
- 胀(膨胀)(热胀冷缩)
- 涨(泡涨)(头昏脑涨)

jiāo	quàn	pào	pō	yí
郊	券	泡	泼	宜

11. 郊(jiāo)郊外 郊区
效(xiào)效果 效率
绞(jiǎo)绞车 绞架

绞车

造句:<u>郊区</u>建筑工地上的<u>绞车</u>通过改造,工作<u>效率</u>提高了很多。

12. 券:读 quàn,不读 juàn。如"入场券""代金券"。

13. 巧记多音字"泡":给泡(pāo)桐浇下去的水,冒着气泡(pào)。

14. 泼:读 pō,不读 pē;与"点拨(bō)"的"拨"区分开。

15. 宜:读 yí,不读 yì。如"适宜"。而"谊"读 yì,不读 yí。如"深情厚谊""友谊"。

shì	sù	chéng	liàn	tuó
视 视	肃 肃	承 承	练 练	驼 驼

16. 视:形声字,"见"表义,"礻"表读音,因此是示字旁,不要写成衣字旁(衤)。

17. 巧记"肃"字:一棍捅倒山,底下是八川。如"肃然起敬"。

18. 承:注意中间是三横,不要写成两横。如"承担"。

19. 练:右半部分是"东",不是"东"。如"简练"。

20. tuó { 驼(驼铃)(驼背) / 驮(驮运)(肩扛背驮) }

造句:<u>驮运</u>货物的骆驼经过之处,响起了一阵<u>驼铃</u>声。

铃

九画

zòu	kuǎ	jǐ	jiàn	shì
奏 奏	垮 垮	挤 挤	贱 贱	柿 柿

1. 奏(zòu)演奏 / 揍(zòu)挨揍 / 凑(còu)紧凑

2. 垮(kuǎ)垮台 / 挎(kuà)挎包 / 跨(kuà)跨越

3. 挤(jǐ)拥挤 / 剂(jì)剂量 / 济(jǐ)济济

4. 贱(jiàn)下贱 / 残(cán)残阳 / 践(jiàn)实践

5. 柿:形声字,"市"表读音,不要写成"巿"。

与"肺"字区分开。

gǔ	gōu	shēng	xiè	liǎ
骨 骨	钩 钩	牲 牲	卸 卸	俩 俩

6. 骨：上部中间是横折(㇕)，不要写成一横一竖。

7. {钩(gōu)鱼钩 / 钓(diào)钓鱼} 8. {牲(shēng)牲口 / 性(xìng)性格}

9. 巧记"卸"字：下午停止用刀(刂)。如"推卸""卸货"。

10. 俩：数量词，本身就是"两个"的意思，其后不能再用量词。在"伎俩"一词中读 liǎng。

wǔ	quán	xū	xiá	āi
侮 侮	泉 泉	须 须	狭 狭	哀 哀

11. 侮：读 wǔ，不读 wū。如"侮辱"。

12. 泉：下边是"水"，不要写成"氺"。如"泉水""文思泉涌"。

13. 须：与"需"是同音字，又都可与"必"组成同音词。例如：洗手<u>必须</u>要用香皂。香皂是生活<u>必需</u>品。

14. xiá { 狭（狭小）（狭窄）
          峡（峡谷）（海峡）

造句：这个峡谷太狭窄了，运粮食的马车根本无法通过。

15. 巧记"哀"字：衣中有"口"。注意与"衷"区分开。

āi { 哀（哀怜）
     埃（尘埃）

jì	yì	gé	mí	nì
迹	疫	阁	迷	逆

16. 迹：读 jì，不读 jī。如"痕（hén）迹"。

17. 疫：指瘟疫。如"疫病""疫情"。

18. 巧记"阁"字：客人脱帽再进"门"。如"亭台楼阁"。

19. mí { 迷（歌迷）（迷人）
         谜（灯谜）（谜语）

20. 逆：与"顺"相对。

巧记"逆"字：朔日走后一月未回。

迷人

rǎn	biǎn	nù	dài	luò
染	扁	怒	怠	骆

21. 染：古人从植物（木）中提取颜料放入水（氵）中制成染料，再将织品放入染料中浸染。"九"表示浸染的次数很多，因此在写"染"字时不能把"九"写成"丸"。

染

22. 巧记多音字"扁"：我们坐着一叶扁（piān）舟去河对岸摘扁（biǎn）豆。

23. {怒（nù）怒火　愤怒
恕（shù）恕罪　宽恕

24. 懈：懒惰；松懈（xiè）。如"怠工"。

25. luò {骆（骆驼）
络［络绎（yì）不绝］
洛（洛阳）
烙［炮（páo）烙］

十画

yùn	shào	tǎng	tú	huì
晕	哨	倘	徒	贿

1. 巧记多音字"晕":她晕(yùn)船很厉害,所以下船后仍晕(yūn)乎乎的。

2. 哨(shào)哨兵
   悄(qiāo)悄悄
   捎(shāo)捎信
   梢(shāo)树梢

3. tǎng 倘(倘若)
       淌(流淌)

4. 徒(tú)徒弟
   徙(xǐ)迁徙

5. 赇:多与"财物"有关。如"贿赂(lù)"。

xiōng　shuāi　hōng　pōu　jǐ
胸　胸　衰　衰　烘　烘　剖　剖　脊　脊

6. 胸:形声字,"月"表义,指身体的一部分;右半部分的里面是"凶恶"的"凶",表读音,因此不要写成"乂"。

7. 衰(shuāi)衰弱
   哀(āi)悲哀
   衷(zhōng)苦衷

衰弱

8. 烘(hōng)烘烤　烘托
   哄(hōng)哄笑　哄抢
   拱(gǒng)拱形　拱桥

9. 剖:读 pōu,不读 pāo。如"解剖"。

10. 脊:读 jǐ,不读 jí。如"脊梁"。

zhè	qiāo	tài	sù	gōng
浙	悄	泰	素	恭

11. 浙:读 zhè,不读 zhé。如"浙江"。

12. 巧记多音字"悄":小男孩悄(qiāo)没声儿地出去了,屋子里静悄(qiāo)悄的。

13. 泰:注意下边是"氺",不要写成"水"。如"泰然自若"。

14. 巧记"素"字:青一半,紫一半。

15. 恭:注意下边是"小",不是"小"。如"毕恭毕敬"。

lì	liè	jiào	xiǎo	xiáng
栗	烈	较	晓	祥

16. ⎰栗(lì)栗子　不寒而栗
　　⎱粟(sù)粟米　沧海一粟

17. 烈:形声字,"灬"是火的变形,表义,表示燃烧;"列"表读音。本义是火势猛烈,引申为猛烈、强烈。

18. 较:读 jiào,不读 jiǎo。如"比较"。

19. 晓：书写时不要在右上部分多加一点。
20. 祥：不要将"礻"写成"衤"。

xiè	sòng	juàn
屑 屑 屑	颂 颂 颂	绢 绢 绢

21. 屑：读 xiè，不读 xuè。如"纸屑"。

22. sòng { 颂（颂扬） / 诵（背诵）

23. { 绢（juàn）手绢 / 捐（juān）捐款 / 涓（juān）涓涓 / 娟（juān）娟秀 / 鹃（juān）杜鹃

背诵

十一画

dǔ	xiān	jūn	jú	shuǎng
堵 堵	掀 掀	菌 菌	菊 菊	爽 爽

1. { 堵（dǔ）堵塞 / 赌（dǔ）赌注 / 诸（zhū）诸多

2. 巧记"掀"字："欠"一"斤"，用手拎（līn）。如"掀开"。

3. 菌:读 jūn,不读 jǔn。如"细菌"。

4. 巧记"菊"字:草(艹)下勺中有"米"。

5. "爽"字的笔顺:一ナ木木爻爻 爽爽。如"直爽"。

què	zhēng	ǒu	xiàn	yōng
雀	睁	偶	馅	庸

6. 雀:上部是"小",下部是"隹(表示鸟)",上下会意为小鸟。如"麻雀"。

7. { 睁(zhēng)睁开 睁眼
  挣(zhèng)挣钱 挣命

造句:他每天睁开眼,想的第一件事就是怎样挣钱。

8. 偶:注意第九画是"丨",不要写成"乚",与"分离"的"离"的第九画"乚"区分开。

9. { 馅(xiàn)肉馅 馅饼
  陷(xiàn)陷害 陷阱
  焰(yàn)焰火 烈焰

10. "庸"字的笔顺:丶一广广户户庐庐庸庸。如"庸庸碌碌""庸人自扰"。

zú	shòu	kòu	jǐng	lǜ
族	兽	寇	颈	绿

11. 族(zú)汉族　民族
    旋(xuán)旋转　周旋
    旅(lǚ)旅行　旅游

12. 巧记"兽"字：八亩"田"，"一"张嘴(口)，不是人来不是鬼。

13. 寇(kòu)日寇　敌寇
    冠(guàn)冠军　夺冠

长颈鹿

14. 颈：读 jǐng，不读 jìng。如"长颈鹿"。

15. 绿：右下是"氺"，不是"水"。如"绿化""绿草如茵"。

十二画

qín	dī	chā	yuán	sǎn
琴	堤	插	援	散

1. 琴：形声字，"今"表读音，所以书写时不要写成"令"。

2. $\begin{cases} 堤(dī)河堤 \\ 提(tí)提水 \\ 题(tí)题目 \end{cases}$ 3. $\begin{cases} 插(chā)插入 \\ 播(bō)广播 \end{cases}$

4. $\begin{cases} 援(yuán)支援\ 援助 \\ 缓(huǎn)缓慢\ 缓急 \end{cases}$

造句：事有轻重缓急，我们当前的首要任务是支援灾区建设。

5. 巧记多音字"散"：散(sǎn)文家刘先生散(sàn)会后直接回家了。

luò	bī	shà	zàn	lǎ
落 落	逼 逼	厦 厦	暂 暂	喇 喇

6. 巧记多音字"落"：他昨晚睡觉落(lào)枕了，所以今天跑步落(là)在了后面。其实他平时做事从不落(luò)后。

7. 逼：读 bī，不读 bí。如"逼近"。

8. 巧记多音字"厦"：厦(Xià)门的高楼大厦(shà)很多。

高楼大厦

9. 暂:读 zàn,不读 zhàn。如"暂时"。

10. 喇:中间是"束",不要写成"束"。

fú	fù	yù	ào	xiàn
幅	傅	御	奥	羡

11. 幅:读 fú,不读 fǔ。如"一幅画"。注意与"副(fù)"区分,如"一副对联"。

12. ┌ 傅(fù)傅粉
    │ 缚(fù)束缚
    │ 搏(bó)搏斗
    └ 膊(bó)赤膊

13. ┌ 御(yù)抵御
    └ 卸(xiè)卸车

14. 巧记"奥"字:向外运"大""米"。

15. 巧记"羡"字:无尾羊是"次"品。

gài	wō	chuāng	qiáng	yuán
溉	窝	窗	强	缘

16. ┌ 溉(gài)灌溉
    │ 概(gài)大概
    └ 慨(kǎi)感慨

灌溉

17. 巧记"窝"字:洞"穴""内"有一张嘴(口)。如"被窝""窝头"。

18. 巧记"窗"字:"口"中含"夕"阳,小撇在左上,放在洞"穴"下,隔它向外望。

19. 巧记多音字"强":这个坚强(qiáng)的孩子强(qiǎng)忍着眼泪,倔强(jiàng)得一句话也不说。

20. 缘:右上是"彑",不要写成"夕"。如"不解之缘"。

十三画

tián	xié	suàn	zhēng	jìn
填 填	携 携	蒜 蒜	蒸 蒸	禁 禁

1. 填:读tián,不读tiān。如"填空"。

2. 巧记"携"字:又推又扔,扔了不推,推了不扔。如"携带"。

3. 巧记"蒜"字:"二""小""二""小",头上长草(艹)。

4. 巧记"蒸"字:"丞"相戴草帽(艹),脚底被烧着(灬)。

5. 巧记多音字"禁":虽然知道这件事已被禁(jìn)止,但他仍然禁(jīn)不住想做。

jiàn	yú	qiǎn	jiàn	huǐ
鉴	愚	遣	键	毁

6. 鉴(jiàn)鉴别　借鉴
   签(qiān)签名　书签

造句:那幅画上的签名很模糊,他正在认真地鉴别真伪。

7. 愚:读 yú,不读 yū。如"愚昧无知"。

8. 遣(qiǎn)派遣
   遗(yí)遗迹

9. jiàn 键(键盘)
      健(健康)
      建(建设)

10. 毁:左上部是"臼",不要写成"白"。如"毁誉参半"。

yáo	fù	sù	liū	gǔn
遥	腹	塑	溜	滚

11. yáo 遥(遥远)(遥望)
       摇(摇摆)(摇晃)
       谣(谣言)(造谣)

12. 腹:读fù,不读fǔ。如"心腹"。

13. 塑:读sù,不读suò。如"塑料"。

14. 巧记多音字"溜":这孩子一溜(liù)烟似的溜(liū)走了。

15. 巧记"滚"字:"公"然穿破雨"衣"。书写时要注意右下是"厷",不要写成"衣"。如"翻滚""浓烟滚滚"。

dié	chán	bó
叠 叠 叠	缠 缠 缠	搏 搏 搏

16. 叠:注意下面是"宜",不要多加一点写成"宜"。可以这样记:"又"有一"双",有点不宜。

17. 缠:书写时别丢了右半部上面的点。

18. 搏:形声字,"扌"表义,表示对打或跳动。如"搏斗""脉搏"。注意与"博"区分,如"博弈"。

十四画

cuī	bì	mó	jù	zhuàn
摧 摧	弊 弊	模 模	聚 聚	赚 赚

1. cuī ｛摧（摧毁） / 催（催促）｝

2. ｛弊（bì）弊端 / 蔽（bì）隐蔽 / 撇（piē）撇捺｝

3. 巧记多音字"模"：小丽模（mú）样长得好看，品德方面也是班里的模（mó）范。

4. 聚：注意下面是"㇇"，不要多写一钩。如"聚精会神"。

5. 赚："贝"字旁多与钱财有关，所以"赚钱"要用"赚"。

| xiān | guǒ | qī | zhài | cuì |

鲜　裹　漆　寨　翠

6. 巧记多音字"鲜"：她在朝鲜（xiǎn）看到了不少新鲜（xiān）事。

7. 巧记"裹"字：衣中有"果"。

8. ｛漆（qī）油漆　漆黑 / 膝（xī）膝盖　膝下｝

9. 寨：读翘舌音 zhài，不读 zài。

10. 翠：上面的"羽"没有钩，应写为"⺷"。如"翠绿""翠鸟"。

十五画

sā		chè		tà		lí		mò	
撒	撒	撒	撒	踏	踏	黎	黎	墨	墨

1. 巧记多音字"撒"：他撒(sā)谎说要去地里撒(sǎ)种，结果却去玩了。

2. ┌ 撤(chè)撤退　撤职
   │ 撒(sā)撒手　撒气
   └ 辙(zhé)南辕北辙　车辙

3. tà ┌ 踏(践踏)
        └ 蹋(糟蹋)

4. lí ┌ 黎(黎明)
       └ 犁(犁地)

5. 巧记"墨"字："黑""土"地，能写字。如"墨守成规"。

jiāng			dé			pī		
僵	僵	僵	德	德	德	劈	劈	劈

6. 巧记"僵"字：三横夹两"田"，人字(亻)在左边。如"僵硬"。

7. 巧记"德"字：两人(亻)十四年"一"条"心"。

8. ┌ 劈(pī)劈头盖脸
   └ 辟(pì)开辟

十六画

yàn　　　　　mò　　　　　biàn

| 燕 | 燕 | 燕 | 默 | 默 | 默 | 辩 | 辩 | 辩 |

1. 燕：象形字，本义为燕子。

2. 巧记"默"字："黑"狗（犬）不说话。

3. "辩"与"辨"的区别：辩论得说话，言（讠）在中间夹；辨别得用眼，中间点竖撇（丿）。

辩论

十七画

cáng　　　　　dǎo　　　　　yíng

| 藏 | 藏 | 藏 | 蹈 | 蹈 | 蹈 | 赢 | 赢 | 赢 |

1. 巧记"藏"字：草（艹）下反"片""戈（gē）"，大"臣"中间躲。

2. ┌ 蹈（dǎo）舞蹈
   ├ 滔（tāo）滔滔
   └ 稻（dào）水稻

3. ┌ 赢（yíng）赢得
   ├ 嬴（Yíng）姓嬴
   └ 羸（léi）羸弱

十八画

fù　　　lián　　　fān
覆 覆 覆　镰 镰 镰　翻 翻 翻

1. 巧记"覆"字:"西"下两人(彳)在"复"习。
2. 镰:注意右下是"兼",不要写成"兼"。
3. 翻:左上是"采",不要写成"采"。

十九画

chàn
颤 颤

巧记多音字"颤":他颤(zhàn)栗地望着颤(chàn)动的枝条。

二十画

rǎng
壤 壤

1. rǎng $\begin{cases} 壤(土壤) \\ 嚷(叫嚷) \end{cases}$

jí
籍 籍

2. jí $\begin{cases} 籍(书籍) \\ 藉(狼藉) \end{cases}$

狼藉

lù
露 露 露

巧记多音字"露":自从上次和我们一起露(lù)营之后,她就再也没露(lòu)面。

二十三画

guàn
罐 罐 罐

guàn
- 罐(罐子)(罐头)
- 灌(浇灌)(灌溉)
- 鹳(白鹳)(黑鹳)

四、多音字

多音字是指不止一个读音的字。

阿 $\begin{cases} ā(阿姨) \\ ē(阿谀奉承) \end{cases}$ 挨 $\begin{cases} āi(挨家挨户) \\ ái(挨打) \end{cases}$

楼下那个阿(ā)姨很会阿(ē)谀奉承。

艾 { ài(艾滋病) / yì(自怨自艾)

得了艾(ài)滋病后,他整天自怨自艾(yì)。

扒 { bā(扒开) / pá(扒手)

柏 { bǎi(柏树) / Bó(柏林)

磅 { bàng(磅秤) / páng(磅礴)

剥 { bāo(剥皮) / bō(剥削)

堡 { bǎo(碉堡) / bǔ(堡子)

泊 { bó(漂泊) / pō(湖泊)

尽管在外漂泊(bó)多年,他仍然想着家乡那个美丽的湖泊(pō)。

屏 { bǐng(屏息) / píng(屏风)

背 { bēi(背包) / bèi(背诵)

奔 { bēn(奔腾) / bèn(投奔)

薄 { báo(薄被) / bò(薄荷) / bó(薄弱)

别 { bié(别人) / biè(别扭) }

他这个人总和别(bié)人闹别(biè)扭。

C

曾 { céng(曾经) / zēng(曾祖) }

场 { cháng(场院) / chǎng(场所) }

长 { cháng(长江) / zhǎng(成长) }

称 { chèn(相称) / chēng(名称) }

刹 { chà(一刹那) / shā(刹车) }

臭 { chòu(臭气熏天) / xiù(乳臭未干) }

畜 { chù(牲畜) / xù(畜养) }

冲 { chōng(冲锋) / chòng(冲南) }

1. 这个名称(chēng)与实际不相称(chèn)。
2. 那座冲(chòng)南的房子被冲(chōng)锋的部队占领了。

匙 { chí(汤匙) / shi(钥匙) }

创 { chuāng(创伤) / chuàng(创造) }

乘 { chéng（乘法） / shèng（千乘之国）

处 { chǔ（处理） / chù（到处）

参 { cān（参观） / cēn（参差不齐） / shēn（人参）

差 { chā（差错） / chà（差不多） / chāi（出差） / cī（参差）

D

答 { dā（答应） / dá（回答）

打 { dá（一打） / dǎ（打雷）

待 { dāi（待不住） / dài（等待）

担 { dān（负担） / dàn（担子）

地 { dì（土地） / de（轻轻地）

斗 { dǒu（北斗星） / dòu（争斗）

正在争斗(dòu)的两个人突然停下来，不约而同地望向天上的北斗(dǒu)星。

当 { dāng(当然) / dàng(当铺)

倒 { dǎo(倒闭) / dào(倒退)

逮 { dǎi(逮小偷) / dài(逮捕)

都 { dōu(都是) / dū(都市)

肚 { dǔ(牛肚) / dù(肚皮)

度 { duó(猜度) / dù(大度)

的 { de(好的) / dì(目的) / dí(的确)

单 { dān(简单) / chán(单于) / Shàn(单县)

E

恶 { ě(恶心) / è(凶恶) / wù(可恶)

他不仅面相凶恶(è),言行也很让人恶(ě)心,真是太可恶(wù)了。

F

发 { fā(发现) / fà(理发)

分 { fēn(十分) / fèn(分外)

缝 { féng（缝纫机） / fèng（裂缝）

佛 { fú（仿佛） / fó（佛爷）

G

杆 { gān（旗杆） / gǎn（枪杆）

干 { gān（干净） / gàn（干活）

给 { gěi（交给） / jǐ（供给）

更 { gēng（三更） / gèng（更好）

供 { gōng（供应） / gòng（口供）

勾 { gōu（勾结） / gòu（勾当）

骨 { gū（花骨朵儿） / gǔ（骨头）

观 { guān（观察） / guàn（道观）

冠 { guān（鸡冠） / guàn（冠军）

颈 { gěng（脖颈儿） / jǐng（颈联）

那只长着大红鸡冠(guān)的公鸡得了这次斗鸡比赛的冠(guàn)军。

H

哈 { hā(哈腰) / hǎ(哈达) }

喝 { hē(喝水) / hè(喝彩) }

和 { hé(和平) / hè(附和) / hú(和牌) / huó(和面) / huò(和稀泥) }

汗 { hán(可汗) / hàn(汗水) }

行 { háng(银行) / xíng(发行) }

> 1. 耗费了太多的体力,可汗(hán)的脸上满是汗(hàn)水。
> 2. 这家银行(háng)发行(xíng)的债券收益不错。

还 { hái(还有) / huán(还书) }

横 { héng(纵横) / hèng(蛮横) }

好 { hǎo(好人) / hào(好客) }

荷 { hé(荷花) / hè(荷枪实弹) }

华 { huá(华丽) / Huà(华山) }

划 { huá(划船) / huà(划分) }

1. 她穿着华(huá)丽的衣服爬华(Huà)山。
2. 老师把同学们划(huà)分成四个组进行划(huá)船比赛。

晃 { huǎng(晃眼) / huàng(晃动)

会 { huì(会议) / kuài(会计)

混 { hún(混蛋) / hùn(混合)

哄 { hōng(哄抢) / hǒng(哄骗) / hòng(起哄)

J

奇 { jī(奇数) / qí(奇妙)

几 { jī(几乎) / jǐ(几张)

看着那几(jǐ)张熟悉的面孔,她几(jī)乎不敢相信自己的眼睛。

济 { Jǐ(济南) / jì(救济)

系 { jì(系扣) / xì(联系)

茄 { jiā(雪茄) / qié(茄子)

夹 { jiā(夹子) / jiá(夹袄)

44

假 {jiǎ(假如) / jià(放假)}

间 {jiān(时间) / jiàn(间断)}

降 {jiàng(空降) / xiáng(投降)}

将 {jiāng(将军) / jiàng(将领)}

李将(jiāng)军是这次战役中功劳最大的将(jiàng)领。

教 {jiāo(教书) / jiào(教室)}

角 {jiǎo(角落) / jué(角色)}

觉 {jiào(睡觉) / jué(觉醒)}

结 {jiē(结巴) / jié(结账)}

解 {jiě(解剖) / jiè(押解) / xiè(解数)}

禁 {jīn(禁不住) / jìn(禁止)}

劲 {jìn(劲头) / jìng(劲敌)}

卷 {juǎn(卷起) / juàn(考卷)}

据 {jū(拮据) / jù(据说)}

据(jù)说,他年轻时生活很拮据(jū)。

K

卡 { kǎ(卡车) / qiǎ(关卡)

看 { kān(看守) / kàn(看见)

壳 { ké(贝壳) / qiào(地壳)

空 { kōng(天空) / kòng(空闲)

吭 { kēng(一声不吭) / háng(引吭高歌)

可 { kě(可爱) / kè(可汗)

1. 这两个人真奇怪,一个一声不吭(kēng),另一个却在引吭(háng)高歌。
2. 可(kè)汗有个可(kě)爱的女儿。

L

勒 { lè(勒令) / lēi(勒紧)

量 { liáng(测量) / liàng(力量)

他依靠自己的力量(liàng)测量(liáng)出那座山的高度。

了 { le(看了) / liǎo(了解)

笼 { lóng(笼子) / lǒng(笼罩)

绿 { lù(绿林) / lǜ(绿草)

论 { Lún(论语) / lùn(议论)

累 { léi(果实累累) / lěi(连累) / lèi(受累)

《论(Lún)语》中的经典语句可以作为议论(lùn)文的论据。

M

蚂 { mǎ(蚂蚁) / mà(蚂蚱)

脉 { mài(血脉) / mò(脉脉)

埋 { mái(埋伏) / mán(埋怨)

蔓 { màn(蔓延) / wàn(藤蔓)

闷 { mēn(闷热) / mèn(闷闷不乐)

没 { méi(没有) / mò(没收)

秘 { mì(秘密) / Bì(秘鲁)

模 { mó(模型) / mú(模样)

秘(Bì)鲁是个有许多秘(mì)密的国家,我和姐姐都想去那儿旅游。

抹 { mā（抹布）
mǒ（抹杀）
mò（拐弯抹角）

蒙 { mēng（蒙骗）
méng（启蒙）
měng（蒙古包）

磨 { mó（磨刀）
mò（石磨）

他坐在石磨(mò)旁开始磨(mó)刀。

N

难 { nán（难过）
nàn（灾难）

粘 { nián（粘米）
zhān（粘贴）

宁 { níng（宁静）
nìng（宁愿）

弄 { nòng（玩弄）
lòng（弄堂）

我宁(nìng)愿住在这个贫穷但宁(níng)静的小山村,也不愿住在那富庶而喧闹的大都市。

P

胖 { pán（心宽体胖）
pàng（肥胖）

喷 { pēn（喷发）
pèn（喷香）

刨 { páo(刨土) / bào(刨冰) }

便 { pián(便宜) / biàn(方便) }

辟 { pì(辟谣) / bì(复辟) }

仆 { pū(前仆后继) / pú(女仆) }

铺 { pū(铺平) / pù(床铺) }

脯 { pú(胸脯) / fǔ(果脯) }

1. 他仔细地把床铺(pù)铺(pū)平。
2. 店员拍着胸脯(pú)向顾客保证自己店里的果脯(fǔ)绝对好吃。

炮 { páo(炮制) / pào(炮筒) / bāo(炮羊肉) }

漂 { piāo(漂浮) / piǎo(漂白) / piào(漂亮) }

Q

切 { qiē(切菜) / qiè(切记) }

亲 { qīn(亲人) / qing(亲家) }

曲 { qū(曲折) / qǔ(歌曲) }

圈 { quān(圈点) / juàn(羊圈) }

蹊 { qī（蹊跷） / xī（蹊径） }

强 { qiáng（富强） / qiǎng（勉强） / jiàng（倔强） }

R

嚷 { rāng（嚷嚷） / rǎng（吵嚷） }

他一直在嚷(rāng)嚷，吵嚷(rǎng)得让人心烦。

S

遂 { suí（半身不遂） / suì（遂心） }

丧 { sāng（丧服） / sàng（沮丧） }

扫 { sǎo（扫地） / sào（扫帚） }

扇 { shān（扇风） / shàn（扇子） }

天气太热了，奶奶不停地摇动着扇(shàn)子扇(shān)风。

少 { shǎo（多少） / shào（少年） }

舍 { shě（舍得） / shè（校舍） }

什 { shén(什么) / shí(什锦) }

省 { shěng(节省) / xǐng(省悟) }

盛 { shèng(盛开) / chéng(盛饭) }

似 { shì(似的) / sì(相似) }

石 { shí(石子) / dàn(两石米) }

率 { shuài(草率) / lǜ(效率) }

数 { shǔ(数落) / shù(数学) / shuò(数见不鲜) }

塞 { sāi(塞子) / sài(塞外) / sè(闭塞) }

说 { shuō(说服) / shuì(游说) }

宿 { sù(宿舍) / xiǔ(一宿) / xiù(星宿) }

1. 他努力游说(shuì)，想说(shuō)服大家。
2. 在山上的宿(sù)舍住了一宿(xiǔ)，他想到了很多关于星宿(xiù)的传说。

踏 { tā(踏实) / tà(踏步) }

拓 { tà(拓片) / tuò(开拓) }

苔 { tāi(舌苔) / tái(苔藓) }

提 { tí(提醒) / dī(提防) }

挑 { tiāo(挑东西) / tiǎo(挑拨) }

帖 { tiē(妥帖) / tiě(请帖) / tiè(字帖) }

弹 { tán(弹力) / dàn(弹弓) }

调 { tiáo(调皮) / diào(调子) }

吐 { tǔ(谈吐) / tù(呕吐) }

他模仿字帖(tiè)写的请帖(tiě)很好看,这事儿办得很妥帖(tiē)。

瓦 { wǎ(瓦片) / wà(瓦刀) }

为 { wéi(作为) / wèi(因为) }

鲜 { xiān(新鲜) / xiǎn(鲜为人知) }

吓 { xià(惊吓) / hè(恐吓信) }

他被那封恐吓(hè)信惊吓(xià)到了。

削 { xiāo（削苹果） / xuē（剥削）

校 { xiào（上校） / jiào（校对）

相 { xiāng（相信） / xiàng（相片）

兴 { xīng（兴盛） / xìng（兴致）

血 { xiě（鸡血） / xuè（鲜血）

他相(xiāng)信这些相(xiàng)片是真的。

咽 { yān（咽喉） / yàn（咽气） / yè（呜咽）

饮 { yǐn（饮料） / yìn（饮马）

乐 { yuè（音乐） / lè（乐于助人）

要 { yāo（要求） / yào（重要）

应 { yīng（应该） / yìng（应答）

吁 { yù（呼吁） / xū（气喘吁吁）

1. 这个学音乐(yuè)的孩子特别乐(lè)于助人。

2. 他因到处奔走呼吁(yù)累得气喘吁(xū)吁。

Z

载 { zǎi（记载） / zài（载歌载舞）

脏 { zāng（肮脏） / zàng（心脏）

炸 { zhá（炸油条） / zhà（爆炸）

占 { zhān（占卜） / zhàn（占据）

涨 { zhǎng（涨工资） / zhàng（涨红脸）

朝 { zhāo（朝气） / cháo（朝代）

爪 { zhǎo（张牙舞爪） / zhuǎ（爪子）

转 { zhuǎn（转移） / zhuàn（转动）

小猫伸着爪(zhuǎ)子张牙舞爪(zhǎo)的样子很可爱。

挣 { zhēng（挣扎） / zhèng（挣钱）

只 { zhī（只身） / zhǐ（只有）

他知道不努力挣(zhèng)钱就只能在温饱线上挣(zhēng)扎。

种 { zhǒng（种子） / zhòng（种地）

钻 { zuān（钻研） / zuàn（钻头）

着 { zhāo(着数) / zháo(着急) / zhe(悬着) / zhuó(着装) }

扎 { zā(包扎) / zhā(扎针) / zhá(挣扎) }

折 { zhē(折腾) / zhé(打折) / shé(折本) }

小王的商店搞打折(zhé)促销，折(zhē)腾了半天，却折(shé)本了。

五、形近字

形近字就是指在形体、结构等方面很相近的字。

哀(āi)哀痛 / 衷(zhōng)衷心

埃(āi)埃及 / 挨(ái)挨打

安(ān)安心 / 按(àn)按时

暗(àn)黑暗 / 黯(àn)黯然

凹(āo)凹陷 / 凸(tū)凸起

澳(ào)澳门 / 懊(ào)懊悔

B

拔(bá)选拔
拨(bō)挑拨

败(bài)失败
贩(fàn)商贩

柏(bǎi)柏树
拍(pāi)拍手

班(bān)班长
斑(bān)斑马

班长假期去非洲大草原看到了斑马。

颁(bān)颁布
颂(sòng)歌颂

板(bǎn)黑板
扳(bān)扳倒

贝(bèi)贝壳
见(jiàn)见面

部(bù)部队
陪(péi)陪同

北(běi)北方
兆(zhào)预兆

拌(bàn)搅拌
伴(bàn)伙伴

被(bèi)被子
彼(bǐ)彼此

本(běn)本来
木(mù)木工

他本来是一个木工,现在改行开了家服装店。

比(bǐ)比赛
此(cǐ)此时

壁(bì)墙壁
璧(bì)完璧归赵

1. 此时的比赛已进入高潮。
2. 墙壁上的图画生动地描绘了完璧归赵的故事。

毕(bì)毕业
华(huá)才华

闭(bì)关闭
闲(xián)空闲

傍(bàng)傍晚
膀(bǎng)肩膀
榜(bǎng)榜样
镑(bàng)英镑

编(biān)编写
骗(piàn)欺骗
偏(piān)偏见
篇(piān)篇幅

辩(biàn)辩护
辨(biàn)辨别
辫(biàn)辫子
瓣(bàn)豆瓣

波(bō)波涛
玻(bō)玻璃
坡(pō)坡度
破(pò)破坏

抱(bào)怀抱
饱(bǎo)饱满
胞(bāo)同胞

暴(bào)暴发
爆(bào)爆发
瀑(pù)瀑布

"暴发"指迅猛发生或突然发财、得势,侧重发生得快,不必有尖锐的矛盾,如"山洪暴发""暴发户"。"爆发"多指有激烈的冲突、浩大的气势,如"火山爆发""爆发革命""爆发出热烈的掌声"。

C

册(cè)画册
朋(péng)朋友

茶(chá)茶叶
荼(tú)如火如荼

陈(chén)陈列
阵(zhèn)阵地

翅(chì)翅膀
翘(qiào)翘起

厂(chǎng)厂长
广(guǎng)广大

崇(chóng)崇高
祟(suì)鬼鬼祟祟

侧(cè)侧面
测(cè)测量

查(chá)检查
杳(yǎo)杳无音讯

惭(cán)惭愧
渐(jiàn)逐渐

匆(cōng)匆忙
勿(wù)请勿打扰

乘(chéng)乘坐
乖(guāi)乖巧

从(cóng)从此
丛(cóng)草丛

听说草丛里有蛇,这个孩子从此再也不去那里玩了。

城(chéng)城市
诚(chéng)真诚

厨(chú)厨师
橱(chú)书橱

抄(chāo)抄写
秒(miǎo)分秒

裁(cái)裁剪
栽(zāi)栽培
载(zǎi)记载

忱(chén)热忱
枕(zhěn)枕头
沈(Shěn)沈阳

宠(chǒng)宠爱
庞(páng)庞大

存(cún)存在
荐(jiàn)推荐

弛(chí)松弛
驰(chí)奔驰

采(cǎi)采取
彩(cǎi)彩霞
菜(cài)白菜

船(chuán)造船
般(bān)一般
舰(jiàn)军舰

这个造船厂造出的军舰很不一般。

处(chǔ)处分
外(wài)外出

拆(chāi)拆除
折(zhé)折旧
析(xī)分析

澈(chè)清澈
撤(chè)撤职

绸(chóu)丝绸
稠(chóu)稠密
调(diào)调动

歹(dǎi)好歹
夕(xī)夕阳

低(dī)高低
底(dǐ)到底

档(dàng)档案
挡(dǎng)阻挡

钓(diào)钓鱼
钩(gōu)鱼钩

爸爸在鱼钩上装好鱼饵，开始教我钓鱼。

代(dài)代替
伐(fá)砍伐

叨(dāo)叨唠
叼(diāo)叼着

刀(dāo)小刀
刁(diāo)刁难

度(dù)度假
席(xí)凉席

渡(dù)渡口
镀(dù)镀金

贷(dài)贷款
货(huò)货车

导(dǎo)引导
异(yì)奇异

蹈(dǎo)舞蹈
踏(tà)踩踏

1. 他贷款买了一辆货车。
2. 在观看这次舞蹈比赛时,剧场内发生了轻微的踩踏事故。

丹(dān)丹药
舟(zhōu)小舟

悼(dào)悼词
掉(diào)丢掉

登(dēng)登陆
凳(dèng)凳子

担(dān)担负
胆(dǎn)胆量

旦(dàn)元旦
且(qiě)而且

顶(dǐng)山顶
项(xiàng)项目

为了考察这个项目的可行性,他们一路走到了山顶。

堆(duī)土堆
推(tuī)推敲

淡(dàn)淡薄
谈(tán)谈话

| 蝶(dié)蝴蝶
| 碟(dié)菜碟

| 淀(diàn)沉淀
| 绽(zhàn)绽放

| 待(dài)待遇
| 侍(shì)服侍
| 持(chí)持续

| 端(duān)端正
| 瑞(ruì)瑞雪
| 喘(chuǎn)喘气

| 钉(dīng)钉子
| 订(dìng)订阅
| 仃(dīng)伶仃

| 滴(dī)水滴
| 摘(zhāi)摘抄
| 商(shāng)经商

| 都(dū)首都
| 堵(dǔ)堵车
| 睹(dǔ)目睹

> 这次去北京,我亲眼目睹了首都堵车的严重状况。

E

| 饿(è)饥饿
| 俄(é)俄国

| 厄(è)厄运
| 危(wēi)危险

| 恩(ēn)恩惠
| 思(sī)思念

> 他一直思念着那位曾给予自己恩惠(huì)的老人。

F

方(fāng)方法
万(wàn)万一

夫(fū)农夫
失(shī)失去

泛(fàn)泛舟
眨(zhǎ)眨眼

芙(fú)芙蓉
芜(wú)荒芜

赴(fù)赴会
赶(gǎn)赶集

风(fēng)风采
凤(fèng)凤凰

没有人真正见识过凤凰的风采,因为它只存在于传说中。

峰(fēng)山峰
锋(fēng)锋利
蜂(fēng)蜜蜂

福(fú)幸福
幅(fú)幅度
副(fù)副本

纷(fēn)纷争
份(fèn)股份
扮(bàn)扮演
盼(pàn)盼望

防(fáng)防止
仿(fǎng)仿写
访(fǎng)访问
纺(fǎng)纺织

逢(féng)相逢
缝(féng)缝补
蓬(péng)蓬莱
篷(péng)篷车

佛(fú)仿佛
拂(fú)拂晓
沸(fèi)沸腾
狒(fèi)狒狒

拂晓时分，狒狒们仿佛忽然睡醒了似的沸腾起来。

G

杠(gàng)单杠
扛(káng)肩扛

冈(gāng)山冈
岗(gǎng)岗位

羔(gāo)羊羔
恙(yàng)别来无恙

撼(hàn)震撼
憾(hàn)憾事

观(guān)观看
规(guī)规则

购(gòu)购买
构(gòu)构想

老师提醒我们观看比赛要遵守规则。

柜(guì)柜台
拒(jù)拒绝

隔(gé)隔离
融(róng)融化

秆(gǎn)秸秆　　稿(gǎo)稿件
杆(gǎn)枪杆　　搞(gǎo)搞定
竿(gān)竹竿　　犒(kào)犒劳

忙了一个月，终于把稿件搞定了，她决定犒劳一下自己。

钢(gāng)钢琴　　该(gāi)应该
纲(gāng)提纲　　核(hé)核心
刚(gāng)刚强　　刻(kè)立刻
　　　　　　　孩(hái)女孩

宫(gōng)皇宫　　胳(gē)胳膊
官(guān)器官　　格(gé)格式
管(guǎn)管理　　恪(kè)恪守
营(yíng)经营　　洛(Luò)洛阳

肓(huāng)病入膏肓　　褐(hè)褐色
盲(máng)盲目　　　　竭(jié)竭力
膏(gāo)牙膏　　　　偈(jì)偈语

滑(huá)滑冰　　旱(hàn)旱情
猾(huá)狡猾　　早(zǎo)早晨

很(hěn)很快　　槐(huái)槐树
狠(hěn)狠毒　　愧(kuì)愧疚

站在村头的老槐树下,他满怀愧疚(jiù)地想起了那件往事。

杭(Háng)杭州　　亨(hēng)亨通
抗(kàng)抗寒　　享(xiǎng)享受

淮(Huái)淮河　　毫(háo)毫米
准(zhǔn)标准　　豪(háo)豪华

喊(hǎn)呼喊　　幻(huàn)幻想
减(jiǎn)减少　　幼(yòu)幼小

换(huàn)交换　　混(hùn)混合
挽(wǎn)挽留　　棍(gùn)棍子

喝(hē)喝水　　憾(hàn)遗憾
渴(kě)口渴　　撼(hàn)撼动

小明觉得口渴了,想喝水。

候(hòu)候车　　洪(hóng)洪水
喉(hóu)咽喉　　哄(hǒng)哄骗
猴(hóu)猴子　　供(gōng)供给

悔(huǐ)后悔　　湖(hú)湖面
诲(huì)教诲　　蝴(hú)蝴蝶
侮(wǔ)侮辱　　糊(hú)糊涂

湖面上空飞舞的蝴蝶让他想起了自己做过的糊涂事。

坏(huài)破坏　　荒(huāng)荒地
环(huán)环境　　慌(huāng)慌忙
杯(bēi)茶杯　　谎(huǎng)谎言

J

饥(jī)饥饿　　间(jiān)车间
讥(jī)讥讽　　问(wèn)问题
街(jiē)街道　　激(jī)激动
衔(xián)头衔　　缴(jiǎo)缴费

竞(jìng)竞争　　境(jìng)境界
竟(jìng)竟然　　镜(jìng)镜子

真没想到竞争这份工作的人竟然这么多!

即(jí)即将　　　九(jiǔ)九泉
既(jì)既然　　　丸(wán)肉丸

酒(jiǔ)酒店　　简(jiǎn)简化
洒(sǎ)洒水　　筒(tǒng)笔筒

斤(jīn)斤两　　灸(jiǔ)针灸
斥(chì)斥责　　炙(zhì)炙烤

灸与炙的区别:"灸"是形声字,用"火"表意,作形符,上面的"久"是表音的,如"针灸";"炙"是会意字,下面是"火"字,上面部分是"肉"字的变体,如"脍炙人口"。

继(jì)继承　　卷(juàn)案卷
断(duàn)断定　券(quàn)证券

决(jué)决心　　坚(jiān)坚硬
诀(jué)口诀　　竖(shù)竖立

颈(jǐng)颈椎
领(lǐng)领导

掘(jué)发掘
倔(jué)倔强

均(jūn)平均
钧(jūn)千钧一发

价(jià)价格
阶(jiē)阶层

径(jìng)径直
经(jīng)经常

架(jià)高架桥
驾(jià)驾驶

1. 放学后,哥俩径直走进了他们经常光顾的那家文具店。
2. 我们驾驶着新车经过了高架桥。

菌(jūn)细菌
茵(yīn)绿草如茵

几(jǐ)几个
凡(fán)平凡

浸(jìn)浸泡
侵(qīn)侵入

今(jīn)今后
令(lìng)口令

挤(jǐ)拥挤
济(jì)经济

晋(jìn)晋升
普(pǔ)普及

句(jù)句子
甸(diàn)甸子
旬(xún)上旬

己(jǐ)自己
已(yǐ)已经
巳(sì)巳时

奖(jiǎng)奖金	圾(jī)垃圾
桨(jiǎng)船桨	级(jí)级别
浆(jiāng)豆浆	极(jí)极限

这种级别的垃圾场的容纳能力已达到了极限。

捡(jiǎn)捡柴	戒(jiè)戒备
检(jiǎn)检阅	戎(róng)戎装
脸(liǎn)脸面	或(huò)或许

据(jù)根据	精(jīng)精神
锯(jù)锯齿	清(qīng)清水
剧(jù)剧院	情(qíng)心情

较(jiào)比较	技(jì)技工
校(xiào)学校	枝(zhī)枝叶
咬(yǎo)咬牙	伎(jì)伎俩

胶(jiāo)胶水	净(jìng)干净
饺(jiǎo)饺子	挣(zhèng)挣钱
狡(jiǎo)狡猾	睁(zhēng)睁眼
绞(jiǎo)绞刑	筝(zhēng)古筝

睛(jīng)眼睛
晴(qíng)晴朗
请(qǐng)请示
倩(qiàn)倩影

娇(jiāo)娇艳
矫(jiǎo)矫健
轿(jiào)轿车
骄(jiāo)骄傲

借(jiè)借口
惜(xī)可惜
腊(là)腊月
猎(liè)打猎
错(cuò)错误

浇(jiāo)浇灌
烧(shāo)烧鸡
饶(ráo)求饶
挠(náo)阻挠

峻(jùn)严峻
俊(jùn)英俊
骏(jùn)骏马
竣(jùn)竣工

他以腊月里不能出门打猎为借口没有进山，虽然有些可惜，却避免了一个错误。

客(kè)客人
容(róng)容易
拷(kǎo)拷打
烤(kǎo)烤肉

恳(kěn)诚恳
垦(kěn)开垦
快(kuài)快速
块(kuài)土块

开(kāi)开心　　棵(kē)一棵树
升(shēng)升空　　颗(kē)颗粒
并(bìng)并列　　课(kè)课堂

抗(kàng)抵抗　　坑(kēng)土坑
炕(kàng)火炕　　吭(kēng)吭声
亢(kàng)高亢　　杭(Háng)杭州

L

蓝(lán)蓝天　　肋(lèi)肋骨
篮(lán)篮球　　胁(xié)胁持

梁(liáng)桥梁　　梨(lí)梨园
粱(liáng)高粱　　犁(lí)犁地

他顶着烈日在梨园旁边犁地。

炼(liàn)炼钢　　楼(lóu)楼房
练(liàn)练习　　搂(lǒu)搂抱
拣(jiǎn)挑拣　　偻(lóu)佝偻

玲(líng)玲珑剔透
瓴(líng)高屋建瓴

恋(liàn)恋爱
峦(luán)峰峦
蛮(mán)野蛮

吏(lì)官吏
史(shǐ)历史

羚(líng)羚羊
龄(líng)年龄
岭(lǐng)山岭

卢(lú)卢比
庐(Lú)庐山
芦(lú)芦苇

伶(líng)伶仃
怜(lián)可怜
冷(lěng)寒冷
铃(líng)门铃

龙(lóng)恐龙
尤(yóu)尤其

抡(lūn)抡拳
抢(qiǎng)抢夺
扮(bàn)打扮

历(lì)经历
厉(lì)厉害

栏(lán)栏杆
拦(lán)阻拦
烂(làn)灿烂

乱(luàn)杂乱
刮(guā)刮风
括(kuò)括号

缭(liáo)缭绕
嘹(liáo)嘹亮
瞭(liào)瞭望
燎(liáo)燎原

这个孤苦伶仃的小男孩真可怜,在寒冷的冬天,还要挨家按门铃分发牛奶。

凉(liáng)冰凉
晾(liàng)晾晒
谅(liàng)谅解
惊(jīng)惊险

经历了这次惊险的事件,摸着妈妈因晾晒衣服而冰凉的双手,他决定谅解这一切。

##

毛(máo)毛皮
手(shǒu)亲手

埋(mái)埋藏
理(lǐ)理由

绵(mián)海绵
锦(jǐn)锦旗

密(mì)秘密
蜜(mì)蜂蜜

泌(mì)分泌
沁(qìn)沁人心脾

买(mǎi)买进
卖(mài)卖出

末(mò)末尾
未(wèi)未来

免(miǎn)免职
兔(tù)白兔

1. 小熊偷吃蜂蜜的秘密被发现了。
2. 白兔王国的宰相被免职了。

矛(máo)矛盾
予(yǔ)给予
茅(máo)茅草

慢(màn)缓慢
漫(màn)漫画
蔓(màn)蔓草

模(mó)模范
摸(mō)摸索
漠(mò)沙漠

墓(mù)坟墓
幕(mù)开幕
暮(mù)暮春

猫(māo)小猫
描(miáo)描绘
瞄(miáo)瞄准
锚(máo)抛锚

抹(mǒ)涂抹
沫(mò)相濡以沫
妹(mèi)妹妹
袜(wà)袜子

忙(máng)繁忙
茫(máng)茫然
芒(máng)芒草
忘(wàng)忘记

> 茫然若失的他看到大家清除芒草的繁忙景象，立刻就忘记了那些烦心事。

N

乃(nǎi)乃至
及(jí)及时

鸟(niǎo)鸟类
乌(wū)乌云

P

漂(piāo)漂浮
飘(piāo)飘扬

扑(pū)扑救
仆(pú)仆人
朴(pǔ)朴素

畔(pàn)河畔
衅(xìn)挑衅

苹(píng)苹果
评(píng)评论
坪(píng)草坪

我们喜欢坐在苹果树下的草坪上评论最近发生的趣事。

炮(pào)炮兵
泡(pào)泡沫
袍(páo)长袍
跑(pǎo)跑步

魄(pò)气魄
魂(hún)灵魂
瑰(guī)瑰宝
魅(mèi)魅力

Q

窍(qiào)窍门
窃(qiè)窃窃私语

庆(qìng)庆功
厌(yàn)厌恶

掐(qiā)掐算
陷(xiàn)陷害
馅(xiàn)露馅
焰(yàn)火焰

俏(qiào)俏皮
稍(shāo)稍稍
削(xiāo)削面

他俏皮地做了个鬼脸，稍稍坐正了些，认真地看师傅削面。

歉(qiàn)道歉
嫌(xián)嫌弃
谦(qiān)谦虚
赚(zhuàn)赚钱

躯(qū)身躯
驱(qū)驱逐
岖(qū)崎岖
抠(kōu)抠门儿

悄(qiāo)静悄悄
峭(qiào)陡峭
消(xiāo)消除

陡峭的山路上静悄悄的，刚刚消除了的恐惧又涌上了心头。

抢(qiǎng)抢险
枪(qiāng)枪杆
沧(cāng)沧海
舱(cāng)船舱
伧(cāng)伧俗

期(qī)期限
欺(qī)欺骗
旗(qí)红旗
棋(qí)下棋
萁(qí)豆萁

泣(qì)哭泣
粒(lì)米粒
位(wèi)座位
笠(lì)斗笠

钱(qián)金钱
浅(qiǎn)浅显
线(xiàn)路线
贱(jiàn)贵贱

冉(rǎn)冉冉升起
再(zài)再见

仍(réng)仍旧
扔(rēng)扔掉

锐(ruì)敏锐
悦(yuè)喜悦

他敏锐的目光中透着喜悦与自豪。

删(shān)删除
栅(zhà)栅栏

疏(shū)疏忽
蔬(shū)蔬菜

熟(shú)熟悉
塾(shú)私塾

他对这个私塾很熟悉。

耍(shuǎ)玩耍
要(yào)重要

瑟(sè)瑟缩
琴(qín)琴弦

- 暑(shǔ)暑假
- 署(shǔ)署名

- 梢(shāo)树梢
- 稍(shāo)稍微

- 晌(shǎng)晌午
- 响(xiǎng)响亮

- 扫(sǎo)打扫
- 妇(fù)妇女
- 归(guī)归还

- 识(shí)识别
- 织(zhī)织布
- 积(jī)积蓄

- 沙(shā)沙子
- 纱(shā)纺纱
- 抄(chāo)抄写

- 拭(shì)擦拭
- 试(shì)考试

- 遂(suì)遂心
- 逐(zhú)逐步

晌午时分,蝉的叫声更响亮了。

- 陕(Shǎn)陕西
- 峡(xiá)峡谷
- 狭(xiá)狭小

- 恕(shù)饶恕
- 怒(nù)怒吼
- 努(nǔ)努力

- 赛(sài)赛马
- 塞(sài)边塞
- 寒(hán)寒冷

在寒冷的边塞地区,赛马是一项很好的运动。

T

- 塘(táng)池塘
- 糖(táng)糖果

- 啼(tí)啼哭
- 蹄(tí)蹄子

- 塔(tǎ)高塔
- 搭(dā)搭救

- 梯(tī)楼梯
- 涕(tì)鼻涕

- 填(tián)填写
- 慎(shèn)慎重

- 廷(tíng)宫廷
- 延(yán)延期

因连续几天降雨,宫廷乐师们的露天演奏会只得延期举行。

- 体(tǐ)体形
- 休(xiū)休息

- 踢(tī)踢球
- 惕(tì)警惕

- 痛(tòng)痛苦
- 通(tōng)通常

- 探(tàn)探索
- 深(shēn)深厚

- 土(tǔ)土地
- 士(shì)士兵

- 偷(tōu)小偷
- 愉(yú)愉快

那个小偷正在愉快地享受晚餐,不料警察突然站在了他面前。

80

桶(tǒng)水桶
涌(yǒng)涌现
捅(tǒng)捅破
诵(sòng)诵读

> 诵读诗词的他看着课本,脑海中立马涌现出水桶被捅破的情景。

抬(tái)抬举
胎(tāi)胎儿
苔(tái)青苔

掏(tāo)掏钱
淘(táo)淘汰
陶(táo)陶醉

桃(táo)桃花
挑(tiāo)挑选
跳(tiào)跳动
眺(tiào)眺望

坦(tǎn)平坦
担(dān)担心
但(dàn)但是
胆(dǎn)胆小

堂(táng)堂皇
棠(táng)海棠
党(dǎng)党旗

筒(tǒng)竹筒
铜(tóng)铜像
桐(tóng)梧桐

涂(tú)涂改
途(tú)途径
徐(xú)徐徐
除(chú)除夕

> 虽然这条路很平坦,但是胆小的他还是很担心,所以开车开得很小心。

W

- 微(wēi)细微
- 徽(huī)国徽

- 稳(wěn)稳妥
- 隐(yǐn)隐藏

- 忘(wàng)遗忘
- 妄(wàng)妄图

- 伟(wěi)伟大
- 违(wéi)违法
- 苇(wěi)芦苇
- 纬(wěi)纬线

- 喂(wèi)喂养
- 偎(wēi)依偎

- 慰(wèi)慰问
- 蔚(wèi)蔚然

- 纹(wén)指纹
- 蚊(wén)蚊蝇

- 碗(wǎn)碗筷
- 豌(wān)豌豆
- 蜿(wān)蜿蜒
- 婉(wǎn)婉丽

收拾好碗筷,姿容婉丽的她沿着蜿蜒的山路去摘豌豆。

- 唯(wéi)唯一
- 维(wéi)维护
- 惟(wéi)惟妙惟肖
- 锥(zhuī)立锥之地

- 戊(wù)戊戌
- 戍(shù)戍守
- 戎(róng)戎装
- 成(chéng)成功

- 往(wǎng)往日
- 住(zhù)居住
- 注(zhù)注意
- 驻(zhù)驻扎

- 梧(wú)梧桐
- 悟(wù)悟性
- 捂(wǔ)捂住
- 语(yǔ)语文

- 衔(xián)衔接
- 街(jiē)上街
- 衍(yǎn)衍生

- 讯(xùn)通讯
- 迅(xùn)迅急
- 汛(xùn)防汛

- 弦(xián)弓弦
- 炫(xuàn)炫耀
- 眩(xuàn)眩晕
- 舷(xián)船舷

- 暇(xiá)闲暇
- 瑕(xiá)无瑕
- 假(jiǎ)假如
- 遐(xiá)遐想

- 详(xiáng)详细
- 祥(xiáng)吉祥
- 样(yàng)模样
- 洋(yáng)远洋

她详细地向别人描述孩子的模样，希望那些远洋航行的人能把自己的吉祥祝福带给孩子。

崖(yá)山崖　　仰(yǎng)信仰
涯(yá)天涯　　抑(yì)抑制

窑(yáo)窑洞　　用(yòng)用途
窖(jiào)地窖　　甩(shuǎi)甩手

疑(yí)疑惑　　忆(yì)回忆
颖(yǐng)新颖　　亿(yì)亿万

愉(yú)愉快　　喻(yù)比喻
输(shū)输出　　逾(yú)逾期

1. 那批设备的顺利输出使他感到非常愉快。
2. 老师作的比喻形象地说出了逾期不还的后果。

榆(yú)榆树　　赢(yíng)赢得
偷(tōu)偷盗　　羸(léi)羸弱

援(yuán)援助　　远(yuǎn)远方
缓(huǎn)缓和　　运(yùn)运输
暖(nuǎn)温暖　　选(xuǎn)选择

倚(yǐ)倚靠
椅(yǐ)椅子
骑(qí)骑马

匀(yún)均匀
勺(sháo)勺子
勾(gōu)勾引

屹(yì)屹立
迄(qì)迄今
吃(chī)吃饭
乞(qǐ)乞讨

役(yì)服役
设(shè)设法
没(méi)没事

优(yōu)优胜
忧(yōu)忧郁
犹(yóu)犹豫

由(yóu)由于
甲(jiǎ)甲板
申(shēn)申明
田(Tián)姓田

那位姓田的船长一再申明,由于客人自己的过失在甲板上摔伤,他不负任何责任。

仗(zhàng)仗势
杖(zhàng)拐杖

睁(zhēng)睁开
挣(zhēng)挣扎

- 增(zēng)增长
- 赠(zèng)赠送
- 坐(zuò)坐车
- 座(zuò)座位

- 尊(zūn)尊敬
- 遵(zūn)遵照
- 卓(zhuó)卓著
- 桌(zhuō)桌子

在坐车的时候,抢占座位是不礼貌的行为。

- 综(zōng)综合
- 棕(zōng)棕毛
- 踪(zōng)踪影

- 征(zhēng)征服
- 证(zhèng)证明
- 政(zhèng)政治

- 砖(zhuān)砖瓦
- 转(zhuǎn)转身
- 传(chuán)传达

- 姿(zī)姿态
- 资(zī)资格
- 咨(zī)咨询

- 注(zhù)注视
- 柱(zhù)柱子
- 拄(zhǔ)拄着

- 植(zhí)植树
- 值(zhí)值班
- 殖(zhí)繁殖

那位老人拄着拐杖,倚着柱子,深情地注视着躺椅上的老伴儿。

燥(zào)燥热
躁(zào)烦躁
噪(zào)噪音

澡(zǎo)洗澡
操(cāo)操场
藻(zǎo)水藻

今天天气非常燥热,加上外面噪音很大,导致他的心情很烦躁。

租(zū)租用
组(zǔ)组成
祖(zǔ)祖国

阻(zǔ)阻止
姐(jiě)姐妹
咀(jǔ)咀嚼

站(zhàn)站台
沾(zhān)沾染
钻(zuān)钻研

战(zhàn)战友
粘(zhān)粘贴
毡(zhān)毡房

战友们在毡房上粘贴的标语让她热泪盈眶。

址(zhǐ)地址
扯(chě)拉扯
趾(zhǐ)脚趾
祉(zhǐ)福祉

种(zhǒng)种子
钟(zhōng)钟表
仲(zhòng)仲秋
冲(chōng)冲洗

六、小学生易读错的字

加点字	错误读音	正确读音	加点字	错误读音	正确读音
狭隘	yì	ài	谙熟	yīn	ān
凹陷	wā	āo	同胞	pāo	bāo
蓓蕾	péi	bèi	悖逆	bó	bèi
迸裂	bìng	bèng	包庇	pì	bì
麻痹	pì	bì	复辟	pì	bì
船舶	pó	bó	裨益	bēi	bì
濒危	pín	bīn	捕获	pǔ	bǔ
哺育	pǔ	bǔ	粗糙	zào	cāo
金钗	chā	chāi	刹那	shà	chà
阐明	shàn	chǎn	忏悔	qiàn	chàn
徜徉	tǎng	cháng	热忱	zhěn	chén
惩罚	chěng	chéng	橙子	dèng	chéng

加点字	错误读音	正确读音	加点字	错误读音	正确读音
嗔怒	zhēn	chēn	瞠目	táng	chēng
驰骋	pìn	chěng	鞭笞	tái	chī
奢侈	yí	chǐ	炽热	zhì	chì
憧憬	tóng	chōng	辍学	zhuì	chuò
攒动	zǎn	cuán	祠堂	sì	cí
猝然	zú	cù	挫折	cuō	cuò
烟囱	chōng	cōng	忖度	cùn	cǔn
悼念	diào	dào	档案	dǎng	dàng
提防	tí	dī	河堤	tī	dī
洗涤	tiáo	dí	诋毁	chǐ	dǐ
缔造	tì	dì	玷污	zhān	diàn
句读	dú	dòu	装订	dīng	dìng
靛蓝	dìng	diàn	恫吓	tòng	dòng

加点字	错误读音	正确读音	加点字	错误读音	正确读音
踱步	dù	duó	堕落	zhuì	duò
婀娜	ā	ē	遏制	yè	è
敷衍	fù	fū	否定	fǎo	fǒu
尴尬	jiè	gà	佝偻	jū	gōu
汩汩	mì	gǔ	桎梏	gào	gù
粗犷	kuàng	guǎng	鳜鱼	jué	guì
聒噪	guā	guō	憨厚	gān	hān
皓月	gào	hào	呵护	hā	hē
干涸	gù	hé	沟壑	yōng	hè
亨通	xiǎng	hēng	徘徊	huí	huái
浣纱	wán	huàn	教诲	huǐ	huì
污秽	suì	huì	畸形	qí	jī
即使	jì	jí	舟楫	yī	jí

加点字	错误读音	正确读音	加点字	错误读音	正确读音
嫉妒	jì	jí	鲫鱼	jǐ	jì
歼灭	qiān	jiān	缄默	jiǎn	jiān
窖藏	gào	jiào	发酵	xiào	jiào
抓阄	guī	jiū	内疚	jiū	jiù
麦茎	jìng	jīng	颈项	jìng	jǐng
鸟瞰	gǎn	kàn	窠臼	cháo	kē
岿然	guī	kuī	喟然	wèi	kuì
溃败	guì	kuì	烙印	luò	lào
萎靡	mí	mǐ	谬论	niù	miù
气馁	lěi	něi	隐匿	nuò	nì
拘泥	ní	nì	阻挠	ráo	náo
泥淖	zhào	nào	木讷	nà	nè
拈花	zhān	niān	蔫了	yān	niān

加点字	错误读音	正确读音	加点字	错误读音	正确读音
懦弱	rú	nuò	澎湃	bài	pài
抨击	pīng	pēng	媲美	bì	pì
胸脯	pǔ	pú	剖析	pāo	pōu
蹊跷	xī	qī	绮丽	yǐ	qǐ
踉跄	cāng	qiàng	惬意	xiá	qiè
侵占	qǐn	qīn	蜷曲	juǎn	quán
冗长	chén	rǒng	赡养	zhān	shàn
摄影	niè	shè	慑服	niè	shè
枢纽	qū	shū	刷白	shuā	shuà
吮吸	yǔn	shǔn	塑封	suò	sù
作祟	cóng	suì	挑剔	tì	ti
孝悌	dì	tì	椭圆	tuó	tuǒ
湍急	chuān	tuān	荼毒	chá	tú

加点字	错误读音	正确读音	加点字	错误读音	正确读音
蜕变	ruì	tuì	逶迤	wěi	wēi
膝盖	qī	xī	混淆	yáo	xiáo
琴弦	xuán	xián	采撷	jié	xié
挟持	xiá	xié	携手	xí	xié
自诩	yǔ	xǔ	酗酒	xiōng	xù
绚丽	xùn	xuàn	戏谑	nüè	xuè
殷红	yīn	yān	钥匙	yuè	yào
摇曳	yì	yè	跃动	yào	yuè
确凿	zuó	záo	破绽	dìng	zhàn
栅栏	shān	zhà	骤变	zòu	zhòu
胡诌	zōu	zhōu	压轴	zhóu	zhòu
污渍	zè	zì	梓树	xīn	zǐ
龇牙	cī	zī	笨拙	zhuó	zhuō

七、生活中易读错的地名

东阿	ē	济南	Jǐ
厦门	Xià	燕山	Yān
涪陵	Fú	涡阳	Guō
秘鲁	Bì	莒县	Jǔ
蚌埠	Bèngbù	喀什	Kā
曲阜	fù	兖州	Yǎn
渑池	Miǎn	泌阳	Bì
梁山泊	pō	阜阳	Fù
鄱阳湖	Pó	华山	Huà
十里堡	pù	郴州	Chēn
郓城	Yùn	亳州	Bó
鄄城	Juàn	黄冈	gāng
牟平	Mù	东莞	guǎn
蔚县	Yù	荥阳	Xíng

八、生活中易读错的姓氏

卜	Bǔ	冼	Xiǎn
戚	Qī	令狐	Línghú
解	Xiè	盖	Gě
撒	Sǎ	单	Shàn
佘	Shé	幺	Yāo
曲	Qū	缪	Miào
瞿	Qú	竺	Zhú
区	Ōu	任	Rén
尉迟	Yùchí	朴	Piáo
繁	Pó	宁	Níng
那	Nā	阮	Ruǎn
乐	Yuè	芮	Ruì
查	Zhā	仇	Qiú
柏	Bǎi	韦	Wéi

九、广告中刻意错用的字

1

琴(情)有独钟
（钢琴广告）

情有独钟：因对某人或某事物特别喜爱而感情专注。

2

一明(鸣)惊人
（眼药水广告）

一鸣惊人：比喻平时没有特殊的表现，一干就有惊人的成绩。

3

骑(其)乐无穷
（自行车广告）

其乐无穷：形容其中的乐趣没有穷尽。

4

有丽(利)可涂(图)
（化妆品广告）

有利可图：有利益或好处可以谋求。

5

以帽(貌)取人
(帽子广告)

以貌取人：只根据外表来判断人的品质或能力。

6

百闻不如一键(见)
(打印机广告)

百闻不如一见：表示亲眼看到的远比听人家说的更为确切可靠。

7

肠(长)治久安
(药物广告)

长治久安：指社会秩序长期安定太平。

8

万室(事)俱备
(房地产广告)

万事俱备：泛指一切都准备好了。

9

默默无蚊(闻)
(蚊香广告)

默默无闻:形容不出名,不被人知道。

10

有口皆杯(碑)
(保温杯广告)

有口皆碑:形容人人称赞。

11

随心所浴(欲)
(热水器广告)

随心所欲:一切都由着自己的心意,想怎么做就怎么做。

12

终生无汗(憾)
(空调广告)

终生无憾:一生都没有遗憾。

无鞋(懈)可击
（皮鞋广告）

无懈可击：没有漏洞可以被攻击或挑剔，形容十分严密。

无可替带(代)
（胶带广告）

无可替代：没有什么可以替代。

天尝(长)地酒(久)
（白酒广告）

天长地久：跟天和地存在的时间一样长，形容永久不变（多指爱情）。

百衣(依)百顺
（衣服广告）

百依百顺：形容在一切事情上都很顺从。

第三部分　写　字

一、汉字的笔顺

笔顺规则表

笔顺规则	例字	笔顺
先横后竖	下	一丁下
先撇后捺	文	丶一ナ文
从上到下	寺	一十土土寺寺
从左到右	侧	ノ亻亻们彻侧侧侧
从外到内	庆	丶一广庁庆庆
从内到外	这	丶一ナ文文讠这这
	凶	ノㄨ区凶
先里头后封口	回	丨冂冂回回回
	圆	丨冂冂冂冃冃冏圆圆圆
先中间后两边	水	丨亅水水
	承	了了了了承承承承
先两边后中间	火	丶丶丷火

小学阶段容易写错笔顺的字

笔画	汉字	读音	笔顺
二画	力	lì	乛力
	九	jiǔ	丿九
	乃	nǎi	丂乃
三画	叉	chā	乛叉叉
	凡	fán	丿几凡
	及	jí	丿乃及
	门	mén	丶丨门
	上	shàng	丨卜上
	丸	wán	丿九丸
	万	wàn	一丆万
	也	yě	乛⺄也
	义	yì	丶丿义
	与	yǔ	一与与
四画	办	bàn	乛力办办
	车	chē	一𠂉𠂆车
	长	cháng	丿一长长

101

笔画	汉字	读音	笔顺
四画	丹	dān	ノ 几 月 丹
	方	fāng	、 亠 方 方
	化	huà	ノ 亻 イ 化
	比	bǐ	一 上 比 比
	片	piàn	ノ ノ 广 片
	区	qū	一 フ ㄨ 区
	屯	tún	一 ㄈ 匚 屯
	瓦	wǎ	一 丆 瓦 瓦
	为	wèi	、 ノ 为 为
五画	凹	āo	㇑ 丨 凵 凹 凹
	必	bì	㇀ 心 心 必 必
	北	běi	丨 丨 扌 北
	册	cè	ノ 几 冂 冊 册
	出	chū	ㄴ 凵 屮 出 出
	弗	fú	一 二 弓 弔 弗
	鸟	niǎo	ノ ㇰ 勹 鸟 鸟
	奴	nú	㇄ 女 女 如 奴

笔画	汉字	读音	笔顺
五画	皮	pí	一 厂 广 皮 皮
	世	shì	一 十 冊 冊 世
	凸	tū	丨 丨 凸 凸 凸
	玉	yù	一 二 于 王 玉
	由	yóu	丨 冂 冂 由 由
六画	成	chéng	一 厂 厅 成 成 成
	丞	chéng	了 了 矛 丞 丞 丞
	耳	ěr	一 T 厂 FI FI 耳
	考	kǎo	一 十 土 耂 耂 考
	光	guāng	丨 丨 丷 屮 屮 光
	式	shì	一 二 三 弐 式 式
	亦	yì	丶 一 亠 亣 亦 亦
	亚	yà	一 丅 丌 邧 亚 亚
	再	zài	一 厂 冂 冃 再 再
	兆	zhào	丿 丿 汁 兆 兆 兆
	州	zhōu	丶 丿 丬 州 州 州

笔画	汉字	读音	笔顺
七画	辰	chén	一厂厂厂辰辰辰
	丽	lì	一丆丆丌而丽丽
	卵	luǎn	㇈㇈卵卵卵卵卵
	我	wǒ	一二千手我我我
	巫	wū	一丅丆工巫巫巫
八画	卑	bēi	丿丶白白白臾臾卑
	齿	chǐ	丨卜止止止步齿齿
	垂	chuí	一二千壬壬乕垂垂
	非	fēi	丨刂刂刋刋非非非
	其	qí	一十廾廾甘甘其其
	肃	sù	㇆㇆⺕肀肀肃肃肃
	臾	yú	丿㇇㇇㇇㇇臼臾臾
	制	zhì	丿⺊㇗午䇂𠂇制制
九画	曷	hé	丶冂冂曰罒昂昻曷曷
	甚	shèn	一十廾廾甘甘其其甚
	禹	yǔ	丿㇇㇇台片禹禹禹禹
	重	chóng	一二千千千盲盲重重重

笔画	汉字	读音	笔顺
十画	乘	chéng	一二千千千千乖乖乘乘
	兼	jiān	丶丷䒑当当兰羊羊兼兼
十一画	兜	dōu	丿丨丨⺁白白白兜兜兜兜
	断	duàn	丶丷丬半米米断断断断断
	祭	jì	丿ㄅタタ夕尔奴奴祭祭祭
	缀	zhuì	乙幺纟纟纱纱纱纱缀缀缀
十二画	鼎	dǐng	丨冂冃目目且鼎鼎鼎鼎鼎鼎
	愤	fèn	丶丶忄忄忄忄怡怡愤愤愤愤
十四画	漆	qī	丶丶氵氵汁泣沐漆漆漆漆漆
	舞	wǔ	丿ㄏㄣ仁仨無無舞舞舞舞舞
	臧	zāng	一厂厂厂厂厂厂厂臣臧臧臧臧

105

二、汉字的间架结构

　　间架结构是指汉字内部结构的合理布局。"间架"指汉字各部分的比例大小,"结构"指汉字笔画或偏旁部首在一个字中的组合规律。汉字的间架结构包括独体字结构和合体字结构。

汉字间架结构表

结构方式	例字	间架比例
独体结构	米、目	方正
品字形结构	晶、森	各部分相等
上下结构	卡、歪	上下相等
	霜、花	上小下大
	基、吾	上大下小
上中下结构	篮、簧	上中下相等
	褒、裹	上中下不等
左右结构	村、联	左右相等
	伟、搞	左窄右宽
	刚、郭	左宽右窄

结构方式	例字	间架比例
左中右结构	粥、斑	左中右相等
	辨、辩	左中右不等
全包围结构	圆、国	全包围
半包围结构	医、巨	左包右
	庆、尾	左上包右下
	勻、句	右上包左下
	遍、建	左下包右上
	周、风	上包下
	函、凶	下包上

三、小学生易写错的字(括号内为错误字)

安详(祥)	澳洲(州)	部(布)署
报效(孝)	抱(报)负	凋敝(弊)
憋屈(曲)	濒(频)临	沧(苍)海
操作(做)	聪慧(惠)	大致(至)
怠慢(漫)	奋(愤)发	发泄(泻)
费(废)力	副(付)刊	风采(彩)

方圆(圆)	干练(炼)	过分(份)
涵(函)养	荟萃(粹)	寒暄(喧)
伙(火)食	即(既)使	接洽(恰)
寂寥(廖)	娇(骄)宠	锦(绵)绣
竣(峻)工	刘(留)海	脉搏(膊)
门第(弟)	暮霭(蔼)	佩(配)带
歉(欠)疚	顷(倾)刻	驱(趋)使
撒(撤)手	杀戮(戳)	松弛(驰)
视察(查)	首(手)饰	手续(序)
署(暑)名	通宵(霄)	宣(渲)泄
震撼(憾)	振(震)幅	振(震)奋
专攻(功)	做(坐)客	坐(座)落
渡(度)难关	候(侯)车室	明(名)信片
老两(俩)口	度(渡)假村	亲和(合)力
乱蓬(篷)蓬	萤(荧)火虫	一炷(柱)香
水龙(笼)头	挖墙脚(角)	鱼(渔)水情
霓虹(红)灯	岔(叉)路口	座(坐)右铭

人才辈(倍)出	明辨(辩)是非
久经沙(杀)场	唉(哀)声叹气
报仇雪(血)恨	遮天蔽(避)日
万事俱(具)备	关心备(倍)至
精神涣(焕)散	道貌岸(暗)然
迫不及(急)待	山清(青)水秀
一鼓(股)作气	
金碧(壁)辉煌	
立竿(杆)见影	
飞扬跋(拔)扈	稗(裨)官野史
九霄(宵)云外	滥竽(芋)充数
心驰(弛)神往	不卑不亢(炕)
蜂拥(涌)而入	情不自禁(尽)
出其(奇)不意	扬长(常)而去
并行不悖(背)	班(搬)门弄斧
可见一斑(班)	大有裨(稗)益

川(穿)流不息	一泻(泄)千里
为虎作伥(帐)	艰(坚)难困苦
震(振)耳欲聋	貌合(和)神离
再接再厉(励)	不计(记)其数
一筹(畴)莫展	义不容辞(词)
唇枪舌剑(箭)	洁白无瑕(暇)
别出心裁(材)	中流砥(抵)柱
巧夺天工(公)	称(趁)心如意
蛛丝马迹(蚂)	狂轰滥(烂)炸
以逸待(代)劳	虎视眈(耽)眈
和蔼(霭)可亲	遨(翱)游太空
走投(头)无路	
金榜题(提)名	
发扬光(广)大	
言简意赅(该)	英雄气概(慨)
一字千金(斤)	侯(候)门似海

刻(克)不容缓	风景名胜(盛)
墨(默)守成规	异(义)口同声
甘拜(败)下风	口干舌燥(躁)
出神入化(画)	出奇制(致)胜
富丽堂皇(黄)	大器凫(晚)成
美轮(伦)美奂	一副(幅)对联
哀(唉)叹不已	呼龙耕烟种瑶草 招鹤下云眠古松
平(凭)心而论	
汗(汉)马功劳	
丰功伟绩(迹)	不胫(径)而走
如愿以(已)偿	声名鹊(雀)起
委曲(屈)求全	喧(宣)宾夺主
掉(吊)以轻心	一张一弛(驰)
寻物启事(示)	前仆(扑)后继
脍炙(灸)人口	火中取栗(粟)
陈词滥(烂)调	一窍(窃)不通

逢场作(做)戏	世外桃源(园)
按部(步)就班	
一诺千金(斤)	
竭泽而渔(鱼)	
浮想联翩(篇)	鸠占鹊(雀)巢
煞费(废)苦心	完璧(壁)归赵
兵荒(慌)马乱	休(修)养生息
精兵简(减)政	漠(莫)不关心
人情世(事)故	殚(惮)精竭虑
自鸣(名)得意	风靡(糜)一时
精神可嘉(佳)	良辰(晨)美景
不可名状(壮)	含辛茹(如)苦
天各(个)一方	流(留)芳百世
衷(忠)心感谢	绿树成荫(阴)
涣(焕)然冰释	青(清)山绿水
感恩戴(带)德	三番(翻)五次

直截(接)了当	奋(愤)发图强
名副(符)其实	销赃(脏)灭迹
无可奈(耐)何	梳妆(装)打扮
哄(轰)堂大笑	歪门邪(斜)道
无上(尚)光荣	卑躬(恭)屈膝
名列前茅(矛)	悬梁刺股(骨)
礼尚(上)往来	
自力(立)更生	
不假(加)思索	
随声附和(合)	欢欣雀(鹊)跃
相辅相成(承)	勇(永)往直前
谈笑风生(声)	焕(涣)然一新
仗义执(直)言	挑拨是(事)非
首(矛)屈一指	语无伦(论)次
栩(诩)栩如生	毋(勿)庸置疑
老生(声)常谈	趋之若鹜(鹜)

第四部分 词 语

一、小学生常见近义词

> **小贴士**：将近义词放在一起，通过分组可以更好地理解和记忆哟。

A

傲慢	高傲	骄傲	哀伤	悲伤	哀痛
哀求	企求	央求	爱戴	拥戴	尊敬
爱护	爱惜	保护	安定	安宁	稳定
安静	宁静	清静	安排	布置	安置
安全	安然	平安	暗淡	昏暗	黯淡

B

把戏	花样	花招	摆设	陈列	陈设
摆脱	解脱	挣脱	拜访	拜谒	拜会
拜托	委托	托付	颁布	公布	发布
办法	措施	方法	办理	处理	料理
帮助	帮忙	协助	榜样	典范	表率

包含	包括	包罗	鄙视	藐视	蔑视
保障	保卫	保护	抱怨	埋怨	责怪
暴露	显露	泄露	悲惨	凄惨	悲苦
奔波	奔忙	奔走	本领	能力	能耐
比赛	竞赛	较量	保持	维持	

毕生	终生	一生	薄弱	脆弱	软弱
边缘	边沿	边际	变化	改变	转变
辩论	争辩	争论	辨别	辨认	分辨
标记	标志	记号	表扬	表彰	赞扬

"**辨别**"重在对两个以上的事物加以区别,只作为动词使用,如"辨别方向"。"**辨认**"是指经过辨别之后做出判断,并且找出或认定某一对象,如"辨认出这是李明的字迹"。

C

猜想	猜测	猜度	猜疑	怀疑	猜忌
才华	才干	才智	采取	采用	采纳
参加	加入	参与	残酷	残忍	残暴
策划	筹划	谋划	差别	差异	区别
诧异	惊讶	惊诧	颤抖	发抖	哆嗦

嘲笑	嘲讽	嘲弄	沉重	深重	繁重
衬托	陪衬	烘托	称赞	赞誉	赞扬
成绩	成就	成果	迟缓	缓慢	迟钝
迟疑	犹豫	踌躇	充分	充足	充沛
出现	呈现	显现	聪明	聪慧	聪颖

D

打扮	装扮	妆饰	大概	大致	大约
带领	统率	率领	呆板	刻板	死板
担当	担负	担任	抵挡	抵抗	抵御
惦念	挂念	惦记	凋谢	凋零	凋落
叮嘱	嘱咐	叮咛	堵塞	阻塞	阻滞

老师带领我们观看了霍去病率领大军征战沙场的影片。

即使担任小组长会占据他很多时间,他也勇于担当。

E

阿谀	逢迎	奉承	恶毒	狠毒	歹毒
而后	然后	以后	恶劣	卑劣	卑鄙
遏制	遏止	制止	恩情	恩德	恩惠

F

发达	兴盛	兴旺	烦恼	烦闷	苦恼
烦躁	急躁	焦躁	繁荣	繁盛	繁华
范围	范畴	领域	防范	防备	提防
防卫	防守	防御	仿佛	好像	似乎
非凡	超凡	杰出	分离	离别	分别
愤慨	愤恨	愤怒	丰富	丰厚	丰盛
风俗	风气	风尚	锋利	锐利	犀利
肤浅	浅薄	浅显	拂晓	清晨	清早
富裕	富有	充裕	反省	反思	检讨

"拂晓"指天快亮的时候,时间相对较短。例如:拂晓时分,爸爸就骑着车子出门了。"清晨"指日出前后的一段时间,时间相对较长。例如:清晨,许多人在广场上锻炼身体。

G

改变	转变	变换	改善	改进	改良
改正	纠正	矫正	赶紧	赶忙	赶快
刚强	刚毅	坚强	高尚	崇高	高贵
高兴	愉快	喜悦	攻击	攻打	进攻
供给	供应	提供	孤单	孤独	孤寂

鼓励	勉励	鼓舞	关心	关怀	关爱
观察	察看	观看	光荣	光彩	荣耀
归纳	归结	总结	果断	坚决	果敢
光辉	光彩	光芒	估计	估量	估摸
贡献	奉献	捐献	干扰	扰乱	打扰

H

害怕	恐惧	惧怕	寒冷	严寒	酷寒
豪杰	英雄	英杰	豪爽	直爽	爽快
号召	召唤	号令	合作	协作	合伙
合适	恰当	适宜	和蔼	和气	和善
和谐	协调	和睦	后悔	悔恨	懊悔

洪亮	响亮	嘹亮	忽然	突然	猛然
华丽	富丽	华美	幻想	空想	妄想
慌忙	急忙	匆忙	欢乐	开心	欢喜
荒唐	荒诞	荒谬	荒凉	荒芜	萧条
回顾	回首	回忆	混乱	杂乱	凌乱

学校是一个和谐的大家庭,同学们都能和睦相处。
这里田地荒芜,人烟稀少,让人感觉很荒凉。

J

激烈	剧烈	强烈	积蓄	储存	积存
机会	时机	机遇	机灵	聪明	机智
及时	按时	准时	嫉妒	妒忌	嫉恨
艰苦	艰难	困苦	抉择	选择	挑选
简单	简明	简易	简洁	简练	简要

见解	见地	看法	建设	建造	建筑
讲究	考究	**注重**	焦急	焦虑	着急
狡猾	狡黠	狡诈	接纳	接受	采纳
揭破	揭露	揭穿	接待	招待	款待
接近	靠近	临近	居然	竟然	

节俭	节省	俭省	**杰出**	**卓越**	出众
解除	消除	去除	解释	解说	说明
借口	借故	托词	紧迫	紧急	急迫
惊奇	惊讶	惊诧	精巧	精致	精妙
精确	准确	精准	建议	提议	

只有**注重**外表的人，在穿衣方面才会特别**讲究**，对款式、颜色、搭配都很挑剔。

这个**杰出**的科学家为电力事业做出了**卓越**的贡献。

K

坎坷	崎岖	曲折	开端	开始	开头
开发	发掘	开拓	可惜	惋惜	遗憾
渴望	盼望	期望	恳切	诚恳	殷切
空闲	空暇	闲暇	控制	操纵	掌握
开创	创办		慷慨	大方	

这家公司开发的那款游戏软件,开拓了网络游戏的新局面。

L

劳苦	劳累	辛劳	牢固	坚固	结实
联系	关系	关联	冷淡	冷漠	淡漠
冷静	镇静	平静	立即	立刻	马上
利落	利索	麻利	利用	运用	采用
怜悯	怜惜	同情	牢骚	怨言	

凉快	凉爽	清凉	谅解	原谅	体谅
灵活	灵巧	灵敏	领会	领悟	领略
流畅	顺畅	通畅	流露	吐露	表露
留恋	依恋	眷恋	留神	留心	留意
瞭望	眺望	远眺	吝啬	小气	悭吝

M

埋藏	隐藏	掩藏	蛮横	野蛮	粗野
满意	中意	称心	莽撞	鲁莽	冒失
美丽	漂亮	好看	美满	圆满	完满
门道	窍门	门路	朦胧	隐约	模糊
迷恋	沉迷	痴迷	密切	亲密	紧密

描绘	描画	描摹	渺小	微小	细小
名气	名望	名声	明亮	亮堂	敞亮
明显	分明	显著	铭记	铭刻	牢记
面貌	面容	面孔	模仿	模拟	仿效
秘密	机密	隐秘	敏锐	灵敏	机敏

即使借助朦胧的月色,他也只能勉强看到一些模糊的影子。

N

难过	难受	伤心	凝固	凝结	凝聚
恼怒	恼火	气恼	凝视	注视	凝望
宁可	宁愿	宁肯	浓密	稠密	茂密
暖和	温暖	和煦	懦弱	怯弱	软弱
内疚	惭愧	愧疚	耐心	耐烦	耐性

O

| 讴歌 | 歌颂 | 颂扬 | 偶尔 | 偶然 | 间或 |

P

排除	消除	免除	徘徊	彷徨	犹豫
派头	气派	气势	庞大	浩大	巨大
庞杂	繁杂	复杂	抛弃	抛却	放弃
陪同	陪伴	随同	培养	培育	培植
佩服	钦佩	敬佩	碰巧	恰巧	凑巧

批判	责备	指责	疲惫	疲倦	疲劳
漂泊	漂流	流浪	贫困	贫穷	贫苦
品质	品德	品格	平坦	平缓	平整
平稳	安稳	稳定	评价	评定	评判
朴实	朴素	质朴	破格	破例	

| 破绽 | 漏洞 | 纰漏 | 排斥 | 排挤 | 挤对 |
| 普遍 | 广泛 | | 偏见 | 成见 | |

　　看到他在楼下徘徊，我犹豫了许久，才决定下楼去见他。
　　广泛开展文艺活动，有利于人民群众文化修养的普遍提高。

Q

漆黑	乌黑	黑暗	欺负	欺凌	欺侮
奇怪	古怪	奇异	启迪	启示	启发
祈祷	祷告	祈求	缺乏	缺少	短缺
企图	妄图	图谋	恰当	适当	妥当
气概	气魄		奇妙	神奇	

谦虚	谦逊	虚心	倾吐	倾诉	诉说
强制	强迫	逼迫	强壮	壮实	强健
抢夺	掠夺	抢劫	窍门	诀窍	技巧
亲密	亲热	亲昵	侵占	侵吞	霸占
勤奋	勤恳	勤劳	前途	前程	

清澈	清亮	明澈	清洁	干净	洁净
清贫	清寒	贫寒	清秀	秀美	秀丽
情况	情形	情状	情态	神态	神情
情愿	甘愿	甘心	庆祝	庆贺	祝贺
缺点	短处	毛病	劝说	劝告	劝导

陆将军本就颇有英雄气概,在这次大战中的表现更是气魄非凡。

他不听我的劝告,还是你去劝说一下吧。

R

让步	退让	妥协	热心	热情	热忱
仁慈	仁爱	慈爱	忍耐	忍受	克制
任凭	听凭	听任	认真	仔细	用心
仍旧	仍然	依旧	容许	允许	许可
熔化	溶化	融化	融合	交融	

"融合"和"交融"都有"合在一起"的意思。"融合"强调特点、界限逐渐减少,乃至消失,多用于思想、感情、愿望等;"交融"强调交织、掺和在一起,多用于具体事物和思想感情。

S

撒谎	说谎	扯谎	洒脱	潇洒	大方
散布	散播	传播	商量	商议	商讨
伤害	损害	侵害	深奥	深邃	高深
熟悉	熟知	了解	盛行	风行	流行
擅长	善于	长于	实行	实施	施行
时兴	时髦	时尚	舒服	舒适	舒坦
熟练	纯熟	娴熟	思考	思索	考虑
顺利	顺当	顺畅	思路	思绪	头绪

松弛	松懈	放松	耸立	矗立	直立
怂恿	鼓动	煽动	搜集	搜罗	收集
素质	素养	修养	生疏	疏远	陌生
声明	申明	申述	琐碎	琐细	琐屑
闪耀	闪烁		索性	干脆	

T

坦白	坦率	直率	谈判	商谈	洽谈
讨教	请教	求教	探求	**探索**	**探究**
特别	特殊	独特	讨厌	厌烦	厌恶
特性	特点	特质	天际	天涯	天边
提倡	倡导		贪婪	贪心	

天资	天分	天赋	唾弃	鄙弃	嫌弃
调解	调停	调和	痛快	舒畅	畅快
痛苦	悲痛	痛楚	推举	推选	推荐
推迟	推延	延迟	拖累	连累	牵累
推辞	推却	拒绝	**挺拔**	**笔挺**	

只有把这个问题**探究**明白了,才可以继续向前**探索**。

站得**笔挺**的他似一棵**挺拔**的松树。

W

挖苦	讥讽	讽刺	完备	完善	齐备
完毕	结束	完结	顽固	保守	固执
挽救	营救	拯救	威胁	威逼	威吓
威信	威望	声望	危险	危急	危难
违反	违背	违犯	围绕	环绕	盘绕

伪装	假装	乔装	委婉	婉转	含蓄
慰劳	慰问	慰藉	温顺	温柔	温和
文雅	文静	高雅	稳定	稳固	固定
稳重	沉稳	庄重	诬蔑	诋毁	污蔑
侮辱	欺侮	羞辱	误会	误解	曲解

"温和"多用于人的态度;"温柔"多指"性情、姿态、声音"等,多形容女性;"温顺"突出顺从。

X

吸取	汲取	吸收	稀奇	稀罕	稀有
习俗	风俗	习惯	细微	细小	微小
细致	细密	细腻	狭窄	狭隘	狭小
鲜艳	鲜亮	艳丽	显露	显示	显现
险峻	险恶	险要	详细	详尽	

享受	消受	享用	消沉	低落	低沉
消灭	消亡	毁灭	消逝	消失	隐没
逍遥	自在	自由	效劳	效力	服务
辛苦	辛劳	劳苦	新奇	新鲜	新颖
寻找	寻觅	寻求	迅速	迅疾	快速
信赖	信任	相信	信念	信仰	信条
兴趣	兴味	兴致	凶狠	凶残	凶暴
胸怀	胸襟	襟怀	修改	修正	修订
修养	涵养	教养	性能	机能	功能
喧哗	喧闹	喧嚣	虚拟	虚幻	虚构

修订工作就包括了修改错误,不需要再单独强调了。

那部虚拟影片里有很多精彩的虚幻镜头。

Y

压抑	压制	抑制	严厉	严格	严肃
延续	连续	持续	掩盖	掩饰	遮盖
摇晃	摇摆	摇荡	一概	一律	统统
一贯	一直	一向	依据	根据	依照
异常	反常	异样	谣言	流言	谣传

意图	打算	意向	毅然	决然	断然
拥护	赞成	支持	用场	用处	用途
忧郁	愁闷	郁闷	幽默	滑稽	诙谐
友情	交情	友谊	诱惑	诱导	引诱
幼稚	天真	单纯	愚蠢	愚昧	愚笨
预料	预想	预计	缘故	缘由	原因
约束	束缚	管束	疑惑	迷惑	困惑
仪表	仪态	仪容	严密	严谨	周密
圆滑	世故	油滑	邀请	约请	

"邀请"指特意地、郑重地请求,多用于庄重的场合,如"邀请国内外专家学者";也可用于一般场合,如"邀请同学来家里做客"。"约请"指事先约定好,只用于一般场合,如"约请朋友"。

Z

灾祸	灾害	灾难	糟蹋	糟践	浪费
责备	责怪	责骂	增加	添加	增添
诈骗	欺骗	欺诈	照顾	照料	照管
真诚	真挚	诚心	珍惜	珍爱	珍重
斟酌	推敲	琢磨	震撼	震动	震荡

征服	降服	制服	支援	扶助	援助
直爽	爽快	直率	指派	派遣	委派
指引	指导	指点	注解	注释	解释
注重	重视	注意	阻碍	妨碍	障碍
追究	追查	追问	著名	闻名	
钻研	研究	探究	尊敬	尊重	恭敬
遵守	遵照	遵循	赞美	赞扬	赞赏
指责	谴责	责难	逐步	逐渐	渐渐
纵容	放任	放纵	壮丽	壮美	壮观
滋味	味道		自夸	自诩	

以浪漫闻名于世的巴黎，拥有很多著名的景点。

随着惠民政策的逐步推广，人民的生活水平逐渐提高。

♥方法技巧

找近义词的方法

①从有共同词素的词语中去找。例如：找"疲劳"的近义词，可抓住词素"疲"来组词，从而得到"疲倦""疲惫""疲乏"等词。

②从词的意义上去找。例如：找"轻视"的近义词，先弄清"轻视"是看不起的意思，从而找到"轻蔑""蔑视"。

二、小学生常见反义词

> **小贴士** 将一组反义词放在一起,通过比较来理解词义,是个好方法哟。

A

哀伤	快乐	矮小	高大	爱护	损坏
爱惜	糟蹋	安定	动荡	安静	嘈杂
安心	担心	暗淡	明亮	按照	违背
昂贵	低廉	昂扬	低落	傲慢	谦恭

B

拔高	压低	败坏	维护	傍晚	早晨
包围	突围	褒义	贬义	保护	破坏
保密	泄密	暴露	隐藏	暴躁	温和
卑鄙	高尚	悲哀	欢乐	悲观	乐观
背叛	归顺	被迫	自愿	被动	主动
本质	**表象**	笨重	轻巧	笨拙	灵活
笔直	弯曲	鄙视	尊重	闭塞	畅通
标致	丑陋	变动	稳定	表扬	批评
别离	重逢	不法	合法	冰冷	火热

我们不能被事物的**表象**所迷惑,应当透过现象看**本质**。

C

仓促	从容	草率	慎重	侧面	正面
产生	消亡	昌盛	衰落	长处	短处
敞亮	昏暗	撤退	进攻	撤销	设置
潮湿	干燥	沉寂	喧闹	沉着	惊慌
陈旧	新颖	称赞	责备	成熟	幼稚
成功	失败	成立	解散	诚实	虚伪
承担	推卸	承认	否认	惩罚	奖赏
迟钝	敏锐	持续	中断	迟疑	果断
耻辱	光荣	充分	不足	崇高	卑鄙
崇敬	鄙视	抽象	具体	愁闷	喜悦
踌躇	坚决	出现	消失	纯洁	邪恶
次要	主要	聪明	愚蠢	粗糙	光滑
粗壮	纤弱	粗鲁	文雅	粗略	精确
粗心	细心	脆弱	坚强	存在	消失
错误	正确	丑恶	美好	充实	空洞

一阵噼里啪啦的鞭炮声过后，沉寂的街道上传来一阵喧闹声。

他一出现，爸爸脸上的笑容立刻就消失了。

D

答应	回绝	大度	狭隘	大方	拘束
大概	确切	呆板	灵活	单薄	雄厚
单纯	复杂	单独	共同	倒霉	走运
倒退	前进	得意	失意	低贱	高贵
淡雅	浓艳	低落	高涨	抵抗	投降
敌人	朋友	到场	缺席	动态	静态
动听	刺耳	动摇	坚定	陡峭	平缓
短浅	深远	短暂	长久	夺取	给予

相对于演戏时浓艳的妆容,我更喜欢她在现实生活中清新淡雅的自然美。

E

恶化	好转	恶劣	优良	噩耗	佳音

F

发达	落后	繁华	荒凉	繁忙	清闲
反对	同意	反抗	屈服	防守	进攻
方便	麻烦	放任	约束	放肆	收敛
放松	抓紧	丰富	贫乏	非常	平常

返回	出发	肥胖	干瘦	肥沃	贫瘠
分裂	统一	烦恼	愉快	分散	集中
封闭	开放	奉献	索取	否定	肯定
肤浅	深刻	服从	违抗	俯视	仰视
复杂	简单	富裕	贫困	富贵	贫贱

G

改变	保持	干净	肮脏	概括	具体
固执	开通	刚强	脆弱	耿直	圆滑
固定	流动	高亢	低沉	高深	浅显
高兴	难过	高雅	粗俗	公开	秘密
鼓舞	打击	故意	无意	过时	流行
广阔	狭小	光明	黑暗	滚烫	冰凉

这个想法只是大致概括了几个重要方面，具体怎么做，还需要大家仔细研究。

H

害怕	无畏	害羞	大方	含糊	清晰
含蓄	直率	寒冷	炎热	浩瀚	渺小
合作	分工	合拢	张开	和平	战争

和气	蛮横	豪华	简陋	宏观	微观
忽视	重视	糊涂	明白	华丽	简朴
欢乐	伤心	缓和	紧张	缓慢	快速
荒谬	合理	慌张	镇定	回顾	展望
洪亮	低微	昏迷	苏醒	浑浊	清澈

这个想法听起来很荒谬，但仔细推敲一下，还是有合理的地方。

他苏醒后忘记了昏迷前发生的事情。

J

积极	消极	积累	消耗	激动	冷静
激进	保守	急躁	耐心	集合	解散
继续	停止	寂静	吵闹	坚持	放弃
坚强	软弱	坚硬	柔软	简要	详尽
减少	增加	结束	开始	简洁	繁冗

建立	破除	健壮	虚弱	集体	个人
降低	升高	骄傲	虚心	接受	拒绝
揭发	包庇	揭露	掩盖	节约	浪费
结果	起因	洁净	污浊	结束	开始
紧张	轻松	谨慎	莽撞	进步	落后

进化	退化	禁止	允许	精华	糟粕
借用	归还	精致	粗劣	精练	冗长
静止	运动	净化	污染	绝对	相对

我们在接受外来文化时,要取其精华,去其糟粕。

静止是相对的,运动是绝对的,这是真理。

K

开阔	狭窄	开明	顽固	坎坷	平坦
抗拒	顺从	可爱	可恨	扩充	缩减
空想	实际	空闲	繁忙	枯竭	丰沛
枯燥	有趣	困难	容易	宽大	窄小
宽厚	刻薄	宽裕	拮据	魁梧	瘦小

L

拉拢	排挤	懒惰	勤劳	冷淡	热情
冷静	冲动	冷落	款待	冷清	热闹
离别	相聚	理论	实际	连续	间断
潦草	工整	良性	恶性	凉爽	闷热
临时	正式	吝啬	慷慨	零碎	系统
流传	失传	笼统	具体	沦陷	收复

M

马虎	认真	满意	失望	忙碌	清闲
茂密	稀疏	陌生	熟悉	漠视	重视
朦胧	清楚	梦幻	现实	勉强	自愿

N

内涵	外延	逆境	顺境	凝固	溶化
凝聚	涣散	浓厚	淡薄	浓密	稀疏
内疚	心安	虐待	优待	懦夫	勇士

我们只有身处逆境不放弃，身处顺境不自满，才能取得更大的成就。

O

讴歌	诋毁	偶尔	时常	偶然	必然

P

排斥	吸引	彷徨	果断	培养	摧残
漂亮	丑陋	平凡	非凡	便宜	昂贵
平静	激动	平坦	崎岖	偏心	公正
破旧	崭新	普通	特别	破损	完整

Q

齐全	短缺	谦虚	自满	前进	后退
浅薄	深厚	歉收	丰收	强大	弱小
强壮	瘦弱	强迫	自愿	强盛	衰败
怯懦	勇敢	亲近	疏远	亲热	冷淡
勤奋	懒惰	清瘦	丰满	轻浮	稳重

轻快	沉重	轻蔑	重视	轻率	慎重
轻慢	敬重	清晰	模糊	清新	混浊
清醒	恍惚	晴朗	阴沉	缺点	优点
取消	保留	取信	失信	权利	义务
全面	片面	全部	局部	缺乏	富余

R

热爱	憎恨	认同	反对	润泽	干枯
仁慈	残忍	燃烧	熄灭	锐增	剧减
任命	撤免	饶恕	严惩	融洽	隔阂

在大家都**认同**班长的提议时,他突然提出了**反对**意见。

玉米秆儿刚**燃烧**起来,火头就被突如其来的大雨**熄灭**了,真是太及时了。

S

洒脱	拘束	丧失	获得	善良	凶恶
善意	恶意	伤害	保护	设置	拆除
深奥	浅显	深情	绝情	奢侈	俭省
生僻	熟悉	胜利	失败	失常	正常
失散	团聚	疏忽	谨慎	实质	表面

适当	不当	收入	支出	收容	驱逐
收缩	扩张	舒服	难受	疏通	堵塞
熟练	生疏	衰落	兴盛	顺从	违背
斯文	粗俗	死板	灵活	松弛	紧张
怂恿	劝阻	缩小	扩大	缩短	延长

不管妈妈说什么,她都顺从地点头,从来不会违背妈妈的意愿。

T

踏实	浮躁	坦白	隐瞒	坦率	委婉
讨厌	喜欢	特别	一般	特性	共性
特意	顺便	提高	降低	提前	推迟
天才	庸才	统一	对立	痛恨	热爱
痛快	苦恼	团结	分裂	妥协	力争

W

外行	内行	完好	残缺	完善	欠缺
挽救	陷害	忘记	牢记	危险	安全
挖苦	奉承	违背	遵守	畏惧	勇敢
蜿蜒	笔直	温柔	粗暴	稳定	波动
稳固	动摇	无私	自私	无畏	恐惧

X

吸收	释放	细小	巨大	细致	粗略
先进	后进	鲜明	含糊	相信	怀疑
详尽	简略	详情	概况	消除	保留
新鲜	陈腐	细微	显著	喜剧	悲剧
信任	猜疑	兴旺	萧条	幸福	痛苦

稀少	繁多	幸运	倒霉	凶恶	温和
雄厚	薄弱	削减	增补	削弱	加强
寻常	特别	迅速	迟缓	虚假	真实

  车间对生产流程做了细微的改进,就使生产效率得到了显著的提高。

  狐狸虚假的语言在真实的证据前经不起推敲,它只能夹着尾巴逃走。

Y

压低	抬高	压抑	放纵	郁闷	舒畅
野蛮	文明	一致	分歧	依附	独立
盈利	亏本	拥护	反对	优势	劣势
友爱	仇恨	渊博	浅薄	厌倦	热衷

Z

赞扬	批评	真理	谬论	整体	局部
振作	颓废	镇定	惊慌	郑重	轻率
制止	纵容	质朴	浮华	忠厚	奸诈
主观	客观	主体	客体	祝福	诅咒
杂乱	整齐	拙劣	高明	自卑	自负

方法技巧

找反义词的方法

①从词的范围去找。例如:"强壮"是指人的体质,它的反义词应该是"瘦弱",而不能是"软弱"。

②从词的性质去找。例如:"黑暗"是形容词,它的反义词应是形容词"光明",而不是名词"亮光"。

三、小学生常用词语归类

❶ 常见叠词

"AAB"式

毛毛雨	面面观	晶晶亮	欣欣然	碎碎念
悄悄话	啦啦队	飘飘然	团团转	哈哈笑

"ABB"式

白茫茫	冷冰冰	黑乎乎	阴森森	沉甸甸
黄灿灿	**热腾腾**	红彤彤	明晃晃	泪汪汪
毛茸茸	软绵绵	热乎乎	笑呵呵	血淋淋
轻飘飘	美滋滋	兴冲冲	恶狠狠	酸溜溜
静悄悄	甜丝丝	香喷喷	**圆滚滚**	娇滴滴

热腾腾：妈妈笑着走进厨房，不一会儿就端出来一碗热腾腾的面条。

圆滚滚：爸爸送给我一只圆滚滚的小猫。

"AABB"式

结结实实	安安静静	痛痛快快	蹦蹦跳跳
干干净净	马马虎虎	清清楚楚	口口声声
热热闹闹	隐隐约约	慌慌张张	认认真真

实实在在	大大小小	多多少少	明明白白
舒舒服服	来来往往	弯弯曲曲	家家户户
平平安安	整整齐齐	端端正正	匆匆忙忙
仔仔细细	纷纷扬扬	冷冷清清	**风风雨雨**

风风雨雨：经历那么多风风雨雨之后，他再也不是当初那个横冲直撞的少年了。

"ABAB"式

思考思考	雪白雪白	通红通红	整理整理
商量商量	讨论讨论	研究研究	打扮打扮
琢磨琢磨	运动运动	活动活动	交流交流

❷ 含特定字的词语

含"然"字

肃然（非常恭敬的样子）

俨然（庄严、齐整的样子）

坦然（心里平静，无顾虑）

居然（不应该这样而这样）

竟然（有点出乎意料之外）

漠然（不关心、不在意的样子）

> **居然**：我今天早上还提醒你出门的时候要关上空调，你居然又忘了。

142

含"丽"字

秀丽(清秀之美)　　壮丽(雄壮之美)

瑰丽(异常之美)　　奇丽(奇特之美)

俏丽(俊俏之美)　　亮丽(明亮之美)

艳丽(鲜明之美)　　绚丽(灿烂之美)

含"笔"字

代笔(代替他人写文章)

妙笔(神妙的笔法或文章)

伏笔(为后段埋下线索的文字)

润笔(给诗文书画作者的报酬)

文笔(文章所具有的遣词风格)

> 伏笔:这几句话为下文谜底的揭开埋下了伏笔。

含"笑"字

傻笑(无意义地笑)　　微笑(不显著地笑)

嘲笑(挖苦他人地笑)　　大笑(前仰后合地笑)

苦笑(难过勉强地笑)　　冷笑(讽刺、不屑地笑)

憨笑(天真地笑)　　耻笑(鄙视地笑)

讥笑(讥讽嘲笑)　　奸笑(阴险地笑)

窃笑(偷偷地笑)　　暗笑(暗自高兴)

含"爱"字

热爱(炽热强烈的爱)　友爱(友好亲爱)
怜爱(心疼怜惜的爱)　敬爱(尊重恭敬的爱)
疼爱(关切喜爱)　　　喜爱(有好感的爱)
溺爱(过分娇纵的爱)　慈爱(慈祥和善的爱)

含"书"字

手书(亲笔写的信)
家书(写给家人的信)
史书(记载历史的书籍)———**史书**：他的丰功伟绩史书上都有详细的记载。
遗书(临死时留下的书信)
评书(讲说长篇故事的曲艺)
战书(向敌方或对手宣战或挑战的文书)

含"言"字

谣言(没有根据的话)　诤言(劝人改错的话)
赠言(分别勉励的话)　宣言(公开宣告的话)
忠言(诚恳劝告的话)　寓言(有所寄托的话)
危言(令人害怕的话)　狂言(狂妄自大的话)
序言(写在书前的话)　格言(教育鞭策的话)

四、小学生常用四字词语归类

❶ 根据结构分类

"AABB"式

风风火火	形形色色	庸庸碌碌	轰轰烈烈
洋洋洒洒	郁郁葱葱	堂堂正正	勤勤恳恳
踏踏实实	吞吞吐吐	浩浩荡荡	条条框框

"AABC"式

津津有味	芸芸众生	欣欣向荣	济济一堂
炯炯有神	振振有词	蒸蒸日上	比比皆是
历历在目	栩栩如生	头头是道	滔滔不绝

津津有味：他拿着一本小说看得津津有味，丝毫没注意到有人敲门。

滔滔不绝：叔叔讲起大道理来总是滔滔不绝。

"ABCC"式

文质彬彬	想入非非	信誓旦旦	风尘仆仆
无所事事	小心翼翼	人才济济	怒气冲冲
大名鼎鼎	兴致勃勃	含情脉脉	神采奕奕
忧心忡忡	死气沉沉	忠心耿耿	行色匆匆

"ABCB"式

得过且过	出尔反尔	将计就计	以毒攻毒
应有尽有	以牙还牙	心服口服	似懂非懂
一了百了	大错特错	以暴易暴	人云亦云

出尔反尔：指说了又翻悔或说了不照着做,表示言行前后自相矛盾,反复无常。

人云亦云：人家说什么自己也跟着说什么,形容没有主见。

"ABAC"式

任劳任怨	难分难舍	将信将疑	我行我素
可歌可泣	如火如荼	毕恭毕敬	再接再厉
尽善尽美	有板有眼	绘声绘色	毛手毛脚
美轮美奂	全心全意	畏首畏尾	见仁见智
人山人海	知己知彼	如痴如醉	十全十美

"ABCA"式

精益求精	微乎其微	神乎其神	忍无可忍
数不胜数	为所欲为	闻所未闻	日复一日
痛定思痛	防不胜防	仁者见仁	天外有天
话里有话	贼喊捉贼	见所未见	亲上加亲

"自X自X"式

自生自灭　自暴自弃　自吹自擂　自给自足
自私自利　自言自语　自怨自艾　自由自在
自作自受　自卖自夸

"不X不X"式

不伦不类　不折不扣　不屈不挠　不明不白
不声不响　不偏不倚　不卑不亢　不三不四
不慌不忙　不即不离

"无X无X"式

无法无天　无边无际　无拘无束　无牵无挂
无声无息　无情无义　无忧无虑　无穷无尽
无依无靠　无亲无故　无缘无故

"一X不X"式

一丝不苟　一尘不染　一成不变　一言不发
一声不响　一窍不通　一毛不拔　一文不名

一尘不染：周末的时候，他把房间打扫得一尘不染。

一言不发：发生了那么多事情，爸爸变得意志消沉，整天一言不发地独自喝闷酒。

"不X之X"式

不时之需　不败之地　不白之冤　不义之财
不眠之夜　不祥之兆　不刊之论　不情之请
不治之症　不毛之地　不正之风

"无X之X"式

无价之宝　无米之炊　无源之水　无本之木
无名之辈　无人之境　无稽之谈　无妄之灾

无源之水：没有源头的水，表示没有基础的事物。
无稽之谈：指毫无根据的言论。

"无X不X"式

无坚不摧　无孔不入　无奇不有　无所不为
无所不至　无恶不作　无往不利　无往不胜
无所不在　无微不至

"X然XX"式

恍然大悟　怡然自得　怅然若失　焕然一新
庞然大物　潸然泪下　安然无恙　豁然开朗
浑然一体　涣然冰释

❷ 根据所含字分类

含"前"和"后"字

惩前毖后　思前想后　瞻前顾后　前呼后拥
承前启后　空前绝后　前因后果　前俯后仰
前倨后恭　前仆后继　前仰后合　前街后巷
前赴后继　超前绝后

含"风"和"雨"字

和风细雨　狂风暴雨　呼风唤雨　满城风雨
风调雨顺　风吹雨打　风雨同舟　斜风细雨
春风化雨　暴风骤雨　风雨飘摇　栉风沐雨
风雨无阻　凄风苦雨

含"东"和"西"字

东张西望　东躲西藏　东倒西歪　东奔西跑
声东击西　日东月西　指东说西　说东道西
东拼西凑　东拉西扯　东游西荡　**东鳞西爪**

声东击西：表面上宣扬要攻打这一边，其实是攻打另一边。后指作战时，为了迷惑敌人，造成对方错觉以出奇制胜的一种战术。

东鳞西爪：一鳞半爪，比喻零星片段的事物。

含"南"和"北"字

南腔北调	南征北战	大江南北	南来北往
南辕北辙	南箕北斗	山南海北	天南地北
走南闯北	南橘北枳		

含"天"和"地"字

天时地利	天崩地裂	天长地久	天经地义
天罗地网	天旋地转	天造地设	开天辟地
天昏地暗	天高地厚	惊天动地	欢天喜地
冰天雪地	顶天立地	呼天抢地	天荒地老
翻天覆地	铺天盖地		

惊天动地：经过一番不懈的努力，他终于做成了一件惊天动地的大事。

翻天覆地：随着新农村建设的不断推进，家乡发生了翻天覆地的变化。

含"有"和"无"字

有始无终	有名无实	无中生有	有气无力
无奇不有	有勇无谋	有教无类	有恃无恐
有口无心	有头无尾	无独有偶	有备无患
一无所有	绝无仅有		

含"言"和"语"字

风言风语　花言巧语　豪言壮语　胡言乱语
寡言少语　流言蜚语　千言万语　闲言碎语
甜言蜜语　不言不语　轻言细语　冷言冷语
只言片语　三言两语

含"山"和"水"字

依山傍水　穷山恶水　青山绿水　奇山异水
游山玩水　山清水秀　山穷水尽　山重水复
山高水低　山明水秀　跋山涉水　山光水色
高山流水　万水千山

含有相近词

见多识广　察言观色　高瞻远瞩　左顾右盼
调兵遣将　道听途说　狂风暴雨　旁敲侧击
千辛万苦　眼疾手快　生龙活虎　惊天动地
七拼八凑　改朝换代　沉鱼落雁　闭月羞花
打情骂俏　酒池肉林

千辛万苦：历尽千辛万苦，饱尝酸甜苦辣，他才有今天这让人羡慕的成就。
七拼八凑：妈妈七拼八凑才给她交上学费。

含有反义词

反败为胜	**深入浅出**	内忧外患	异口同声
眼高手低	口是心非	舍近求远	厚此薄彼
积少成多	同甘共苦	半信半疑	大材小用
弄假成真	**举足轻重**	转危为安	

深入浅出：指文章或言论的内容很深刻，措辞却浅显易懂。
举足轻重：所处地位重要，一举一动都关系到全局。

含有比喻成分

光阴似箭	铁证如山	门庭若市	挥汗如雨
稳如泰山	高手如林	冷若冰霜	如雷贯耳
浩如烟海	呆若木鸡	守口如瓶	视死如归
情深似海	归心似箭		

含有夸张成分

地动山摇	惊天动地	气吞山河	气壮山河
顶天立地	怒发冲冠	一目十行	一日千里
一日三秋	一步登天	胆大包天	寸步难行
度日如年	只手遮天	无孔不入	人山人海
山穷水尽	震耳欲聋		

含"十二生肖"

鼠

抱头鼠窜　　胆小如鼠
鼠目寸光　　鼠肚鸡肠
贼眉鼠眼　　投鼠忌器

牛

汗牛充栋　　对牛弹琴
庖丁解牛　　九牛一毛
牛刀小试　　气冲牛斗

虎

虎口余生　　虎视眈眈
放虎归山　　虎背熊腰
调虎离山　　如虎添翼

兔

狡兔三窟　　守株待兔
兔死狐悲　　乌飞兔走
兔死狗烹　　玉兔东升

龙

车水马龙　　龙飞凤舞
叶公好龙　　画龙点睛
来龙去脉　　望子成龙

蛇

打草惊蛇　　画蛇添足
杯弓蛇影　　佛口蛇心
蛇蝎心肠　　牛鬼蛇神

马

招兵买马　　一马当先
马到成功　　单枪匹马
走马观花　　快马加鞭

羊

亡羊补牢　　顺手牵羊
羊落虎口　　歧路亡羊
羊肠小道　　饿虎扑羊

猴

猴年马月　　尖嘴猴腮
杀鸡吓猴　　沐猴而冠
猿猴取月　　猴头猴脑

鸡

鸡飞蛋打　　金鸡独立
鸡毛蒜皮　　鸡犬不宁
杀鸡取卵　　闻鸡起舞

狗

狐朋狗友　　狼心狗肺
狗仗人势　　狗血喷头
犬马之劳　　丧家之犬

猪

猪狗不如　　泥猪瓦狗
肥猪拱门　　杀猪教子
辽东之豕　　狼奔豕突

❸ 根据用法分类

描写人物品质

光明磊落	不屈不挠	忠贞不渝	宽宏大量
冰清玉洁	两袖清风	克己奉公	一丝不苟
赤胆忠心	拾金不昧	贪生怕死	**见义勇为**
刚正不阿	高风亮节	见利忘义	舍己为人
大公无私	坚强不屈	平易近人	大义凛然
威武不屈	锲而不舍		

见义勇为：校长表扬了他俩见义勇为的行为,同学们也都对他们赞不绝口。

描写外貌

文质彬彬	鹤发童颜	明眸皓齿	面黄肌瘦
风度翩翩	披头散发	仪表堂堂	慈眉善目
骨瘦如柴	大腹便便	弱不禁风	国色天香
如花似玉	老态龙钟	眉清目秀	虎背熊腰
蓬头垢面	沉鱼落雁	闭月羞花	**衣冠楚楚**
一表人才	出水芙蓉		

文质彬彬：形容人文雅有礼貌。
衣冠楚楚：形容穿戴整齐、漂亮。

描写动作

东张西望	交头接耳	昂首阔步	张牙舞爪
左顾右盼	挤眉弄眼	捧腹大笑	一饮而尽
拂袖而去	手舞足蹈	手忙脚乱	蹑手蹑脚
抱头鼠窜	抓耳挠腮	拳打脚踢	摩拳擦掌
欢呼雀跃	前俯后仰		

手忙脚乱：今天是我第一次下厨，真是手忙脚乱。
抱头鼠窜：在我军猛烈的炮火攻击下，敌人纷纷抱头鼠窜。

描写心理

心花怒放	沾沾自喜	喜不自禁	喜出望外
犹豫不决	忐忑不安	心如刀割	怒气冲天
胸有成竹	无地自容	心急如焚	心惊肉跳
提心吊胆	忧心忡忡	做贼心虚	心慌意乱
心神不定	惴惴不安	火冒三丈	勃然大怒
心旷神怡	心平气和	心灰意冷	举棋不定
六神无主	心有余悸		

胸有成竹：比喻做事之前已经有通盘的考虑。
举棋不定：形容做事犹豫不决。

描写语言

出口成章	口若悬河	语惊四座	侃侃而谈
绘声绘色	豪言壮语	窃窃私语	冷嘲热讽
对答如流	信口开河	语无伦次	娓娓而谈
油腔滑调	高谈阔论	**闪烁其词**	喋喋不休
夸夸其谈	滔滔不绝	能说会道	能言善辩
低声细语	苦口婆心		

绘声绘色：形容叙述、描写生动逼真。
闪烁其词：形容说话吞吞吐吐。

描写神态

眉飞色舞	无精打采	炯炯有神	神采奕奕
漫不经心	**垂头丧气**	全神贯注	得意忘形
目瞪口呆	呆若木鸡	和颜悦色	从容不迫
喜笑颜开	大惊失色	愁眉苦脸	眉开眼笑
兴高采烈	喜上眉梢	目不转睛	毕恭毕敬
嬉皮笑脸	悠然自得		

垂头丧气：不管遇到多大挫折，他从不垂头丧气。
兴高采烈：从游乐园出来，他俩又兴高采烈地参观了科技馆。

描写老人、小孩

老当益壮	风烛残年	老态龙钟	老骥伏枥
宝刀未老	返老还童	鹤发童颜	德高望重
年过花甲	白发苍颜	乳臭未干	虎头虎脑
天真烂漫	连蹦带跳	摇头晃脑	豆蔻年华

描写亲情

舐犊情深	反哺之情	乌鸟之情	天伦之乐
手足之情	骨肉之情	父慈子孝	望子成龙
让枣推梨	孟母三迁	兄弟阋墙	同室操戈
血浓于水	寸草春晖		

乌鸟之情：古时传说乌鸦长成之后，衔食反哺其母，因此用来比喻奉养长辈的孝心。

同室操戈：一家人动起刀枪来，比喻内部相斗。

描写友情

莫逆之交	金玉之交	忘年之交	患难之交
刎颈之交	两小无猜	良师益友	志同道合
相见恨晚	同舟共济	肝胆相照	情同手足
深情厚谊	推心置腹		

描写爱情

举案齐眉	情深似海	情投意合	夫唱妇随
破镜重圆	天造地设	秦晋之好	相敬如宾
山盟海誓	生死相依	同甘共苦	患难与共
难舍难分	百年好合		

描写春天

春光明媚	春意盎然	春暖花开	春寒料峭
春和景明	春色满园	草长莺飞	风和日丽
莺歌燕舞	鸟语花香	万物复苏	生机勃勃
春雨如油	阳春三月		

春意盎然：人们都爱春天，爱她的温暖，爱她的春意盎然。
生机勃勃：春天到了，公园里百花齐放、姹紫嫣红，呈现出一片生机勃勃的景象。

描写夏天

骄阳似火	绿树成荫	烈日当空	赤日炎炎
暑气逼人	热风扑面	鸟语蝉鸣	炎天暑月
火伞高张	沉李浮瓜	五黄六月	吴牛喘月
流金铄石	炎炎夏日		

描写秋天

秋高气爽	硕果累累	秋风萧瑟	天高云淡
落叶纷飞	瓜果飘香	万里霜天	五谷丰登
层林尽染			

描写冬天

天寒地冻	银装素裹	冰天雪地	滴水成冰
数九寒冬	玉树琼枝	千里冰封	白雪皑皑
百花凋零			

描写花草树木

枝繁叶茂	绿草如茵	含苞待放	万木争荣
山花烂漫	桃红柳绿	百花齐放	花团锦簇
奇花异草	郁郁葱葱	姹紫嫣红	百花争艳

描写风云雨电

电闪雷鸣	暴风骤雨	风卷残云	飞沙走石
风起云涌	风雨交加	斜风细雨	彤云密布
倾盆大雨			

电闪雷鸣：这里的天气真是变幻莫测，刚才还天朗气清，这会儿就已电闪雷鸣。

描写早中晚夜

霞光万道　星光灿烂　皓月当空　残阳如血
灯火通明　晨光熹微　旭日东升　月明星稀
日上三竿　日薄西山　雄鸡报晓　暮色苍茫
华灯初上　夜深人静　夕阳西下　漫漫长夜
百鸟归林

描写乡村

鸡鸣犬吠　六畜兴旺　**茂林修竹**　山清水秀
鸟语花香　依山傍水　**穷乡僻壤**　炊烟袅袅
羊肠小道

茂林修竹：茂密的森林，修长的竹子，形容优美的环境。
穷乡僻壤：荒凉贫穷而偏僻的地方。
羊肠小道：曲折而极窄的路（多指山路）。

描写色彩

一碧千里　青翠欲滴　光彩夺目　五彩缤纷
五光十色　五颜六色　万紫千红　翠色欲流
姹紫嫣红　黑白分明　白里透红　五彩斑斓
黑不溜秋

描写鸟兽虫鱼

惊弓之鸟	飞鸽传书	鹦鹉学舌	百鸟朝凤
虎头蛇尾	蚁穴溃堤	飞蛾扑火	金蝉脱壳
蚕食鲸吞	鸠占鹊巢	如鱼得水	趋之若鹜
鸟语蝉鸣	鱼水情深		

描写岁月时光

长年累月	光阴似箭	白驹过隙	稍纵即逝
一刻千金	岁月如流	日月如梭	斗转星移
一日三秋			

描写建筑特色

美不胜收	蔚为壮观	**富丽堂皇**	金碧辉煌
美妙绝伦	巧夺天工	别有洞天	美轮美奂
古色古香	错落有致	鳞次栉比	雕梁画栋
别具一格	别具匠心	玲珑剔透	窗明几净
琼楼玉宇			

富丽堂皇：我被这座富丽堂皇的宫殿惊呆了。
古色古香：这座古色古香的宅子出自明朝建筑家之手。
别具一格：这座桥的拱形桥洞上的浮雕设计得别具一格。

描写谦虚

不骄不躁　　虚怀若谷　　功成不居　　洗耳恭听
不矜不伐　　礼贤下士　　谦虚谨慎　　深藏若虚

闻过则喜

闻过则喜：听到别人指出自己的缺点、错误就感到高兴。形容虚心，对自己要求严格。

描写骄傲

班门弄斧　　孤芳自赏　　居功自傲　　目空一切
目中无人　　恃才傲物　　妄自尊大　　唯我独尊
自高自大　　自鸣得意　　自命不凡　　自以为是

描写谨慎

斤斤自守　　谨言慎行　　小心翼翼　　临深履薄
如临深渊　　瞻前顾后　　如履薄冰　　奉命唯谨
三思而行

描写文章特点

妙笔生花　　一波三折　　鸿篇巨制　　笔扫千军
离题万里　　脍炙人口　　短小精悍　　画龙点睛
千篇一律　　言简意赅　　字字珠玑　　入木三分

描写学习态度

锲而不舍	持之以恒	不思进取	循序渐进
学而不厌	不耻下问	不求甚解	字斟句酌

持之以恒：学习是一个慢慢积累的过程,我们必须要有持之以恒的精神,才能取得好成绩。

描写人的才华

才华横溢	学富五车	满腹经纶	学贯中西
才高八斗	著作等身	出类拔萃	博古通今
出口成章			

描写丰富繁多

包罗万象	琳琅满目	目不暇接	无奇不有
层出不穷	俯拾皆是	无所不包	五花八门
眼花缭乱	应有尽有	应接不暇	比比皆是
星罗棋布	洋洋大观	一应俱全	

描写热闹繁华

摩肩接踵	车水马龙	川流不息	纷至沓来
接踵而至	络绎不绝	门庭若市	万人空巷
水泄不通	人声鼎沸	人山人海	座无虚席

描写安静

针落有声　鸦雀无声　万籁俱寂　万籁无声
悄无声息　更深人静　夜静更深　悄然无声

表示想

苦思冥想（深沉地想）　朝思暮想（想了又想）
深思熟虑（想得深入）　胡思乱想（想得混乱）
浮想联翩（想得连绵）　左思右想（想得很多）
痴心妄想（想得荒唐）　异想天开（想得离奇）

表示多

高朋满座（贵宾多）　人才济济（人才多）
千军万马（兵马多）　林林总总（事物多）
滔滔不绝（话儿多）　千变万化（变化多）
博览群书（读书多）　见多识广（见识多）
五颜六色（颜色多）　五花八门（花样多）

表示稀少

凤毛麟角　九牛一毛　寥寥无几　寥若晨星
屈指可数　微乎其微　一鳞半爪　一星半点
区区之数

❹ 根据来源分类

来源于寓言故事

拔苗助长	狐假虎威	亡羊补牢	坐井观天
刻舟求剑	叶公好龙	守株待兔	画蛇添足
杀鸡吓猴	掩耳盗铃	画饼充饥	滥竽充数
杞人忧天	塞翁失马		

来源于神话故事

开天辟地	精卫填海	夸父逐日	八仙过海
鸡犬升天	火眼金睛	点石成金	炼石补天
擎天之柱	天衣无缝	愚公移山	补天浴日
鹊桥相会	嫦娥奔月	女娲造人	

来源于历史故事

完璧归赵	**程门立雪**	三顾茅庐	负荆请罪
纸上谈兵	图穷匕见	指鹿为马	闻鸡起舞
四面楚歌	背水一战	卧薪尝胆	**洛阳纸贵**
投笔从戎	破釜沉舟		

程门立雪：形容尊师重道，恭敬求教。

洛阳纸贵：借指著作广泛流传，风行一时。

五、谚语精选

朋友与敌人

邻居好,赛金宝。

有福同享,有难同当。

交人交心,浇花浇根。

仇人相见,分外眼红。

岁寒知松柏,患难见真情。

老乡见老乡,两眼泪汪汪。

在家靠父母,出门靠朋友。

路遥知马力,日久见人心。

朋友千个少,敌人一个多。

弱敌不可轻,强敌不可畏。

远亲不如近邻,近邻不抵对门。

多个朋友多条路,多个冤家多堵墙。

酒逢知己千杯少,话不投机半句多。

有缘千里来相会,无缘对面不相识。

宁喝朋友的白水,不吃敌人的蜂蜜。

> "岁寒知松柏"出自《论语·子罕》:"岁寒,然后知松柏之后凋也。"意思是:只有经过严冬,才知道松、柏能够耐寒。

珍惜时间

不怕慢,就怕站。

机不可失,时不再来。 —— 这句话运用了互文的修辞方法。"机"指机会,"时"指时机。意思是:好的时机不可放过,失掉了不会再来。

时间像生命,一刻值千金。

浪费时间,等于缩短生命。

花儿凋谢不再开,光阴一去不再来。

今朝有事今朝做,莫将忙事待明天。

一寸光阴一寸金,寸金难买寸光阴。

追赶时间的人,生活就会宠爱他;放弃时间的人,生活就会冷落他。

求知与学艺

精益求精,艺无止境。

台上三分钟,台下十年功。 —— 我们不光要看到明星们耀眼的光环,更要理解他们"台上三分钟,台下十年功"的艰辛。

三百六十行,行行出状元。

世上无难事,只怕有心人。

水不流会发臭,人不学会落后。

玉不琢,不成器;人不学,不知道。

书山有路勤为径,学海无涯苦作舟。

学习方法

三人行,必有我师。(多问)
好记性不如烂笔头。(多记)
书读百遍,其义自见。(多读)
拳不离手,曲不离口。(多练)
好学深思,心知其意。(多思)
书本不常翻,犹如一块砖。(多读)
常说嘴里顺,常写手不笨。(多写)

> 俗话说"好记性不如烂笔头",所以我们一定要在平常的学习中养成做笔记的好习惯。

美好与丑恶

家丑不可外扬。
人过留名,雁过留声。
老鼠过街,人人喊打。
多行不义必自毙(bì)。
人中吕布,马中赤兔。

> 这句话出自《左传·隐公元年》:"多行不义必自毙,子姑待之。"意思是:不义的事情干多了,必然会自取灭亡。

勤劳与懒惰

勤劳是个宝,一生离不了。
鸟美在羽毛,人美在勤劳。
一分耕耘(yún),一分收获。
勤人睡成懒人,懒人睡成病人。

> 做任何事情都是"一分耕耘,一分收获",只有付出,才有回报。

诚实与虚伪

挂羊头，卖狗肉。

猫哭老鼠假慈悲。 —— 我不需要你的同情，别在这里"猫哭老鼠假慈悲"了。

当面是个人，背后是个鬼。

真的假不了，假的真不了。

见人说人话，见鬼说鬼话。

明人不做暗事，真人不说假话。

谦虚与骄傲

满招损，谦受益。

满瓶不动半瓶摇。

好汉不提当年勇。

取人之长，补己之短。 —— 意思是：吸取别人的长处，来弥补自己的不足。例如：学习要谦虚，要懂得"取人之长，补己之短"。

火心要空，人心要实。

痒要自己抓，好要别人夸。

虚心万事能成，自满十事九空。

虚心使人进步，骄傲使人落后。

强中自有强中手，能人背后有能人。

自满是求知的拦路虎，自谦是智慧的引路人。

礼貌与修养

上梁不正下梁歪。

江山易改,本性难移。 —— 刚被放出来,他又去偷东西,真是"江山易改,本性难移"。

滴水之恩,当涌泉相报。

君子一言,驷(sì)马难追。

叫人不蚀(shí)本,舌头打个滚。

吃人家的嘴软,拿人家的手短。

静坐常思己过,闲谈莫论人非。

大人不记小人过,宰相肚里能撑船。

良言一句三冬暖,恶语伤人六月寒。

生活哲理

人心齐,泰山移。 —— 只要人们的心往一处,共同努力,就能移动泰山。比喻只要大家一心,就能发挥出极大的力量。

办酒容易请客难。

众人一条心,黄土变成金。

人在人前闯,刀在石上荡。

人往高处走,水往低处流。

山中无老虎,猴子称大王。

当家才知柴米贵,养儿方知父母恩。

六、歇后语精选

A

矮子坐高凳——够不着
阿斗当皇帝——软弱无能
挨了棒的狗——垂头丧气
案板底下放风筝——飞不起来

> 这点挑战都不敢接,你还真是"阿斗当皇帝——软弱无能"。

B

八仙聚会——神聊
八仙过海——各显神通
百米赛跑——分秒必争
包公断案——铁面无私
八月十五的月亮——正大光明

> 元旦晚会上,同学们都使出看家本领,唱歌、跳舞、说相声,真是"八仙过海——各显神通"。

C

彩色电视——有声有色
菜刀切豆腐——两面光
唱歌不看曲本——离谱
出太阳下暴雨——假情(晴)
裁缝不带尺——存心不良(量)

> 他说话从来都是"唱歌不看曲本——离谱"得很。

D

打开天窗——说亮话

碟子里装水——深不了

斗败的公鸡——垂头丧气

大街上的时钟——群众观点

电灯点火——其实不然(燃)

电线杆上绑鸡毛——好大胆(掸)子

> 被老师训了一顿,他就像"斗败的公鸡——垂头丧气"地回了教室。

E

恶狼对羊笑——不怀好意

二分钱开当铺——周转不开

二亩地一棵草——单根独苗

二万五千里长征——任重道远

二两棉花一张弓——细细谈(弹)

> 还说什么帮我,明明就是"恶狼对羊笑——不怀好意"。

F

飞蛾扑火——自取灭亡

飞机上吹喇叭——空想(响)

飞机上作报告——空话连篇

飞机上挂暖瓶——高水平(瓶)

> 离开了客观现实的想象就成了"飞机上吹喇叭——空想"。

G

关公走麦城——骄兵必败

关上门做皇帝——自尊自大

狗咬吕洞宾——不识好人心

> 我这是在帮你,你还埋怨我,简直就是"狗咬吕洞宾——不识好人心"。

干打雷不下雨——虚张声势

高射炮打蚊子——大材小用

给了九寸想十寸——得寸进尺

擀(gǎn)面杖吹火—— 一窍不通

H

虎落平阳——被犬欺

虎口拔牙——胆子大

韩信点兵——多多益善

荷包里装针——锋芒毕露

猴子捞月亮——空忙一场

> 准备了这么长时间,突然被告知取消活动,真是"猴子捞月亮——空忙一场"。

和尚打伞——无法(发)无天

黄连树下弹琴——苦中作乐

黄鼠狼给鸡拜年——没安好心

和尚头上的虱(shī)子——明摆着

J

饺子破皮——露了馅

箭在弦上——不得不发

井底青蛙——目光短浅

脚底下抹油——溜之大吉

> 他一看势头不对，转身就"脚底下抹油——溜之大吉"了。

鸡蛋碰石头——自不量力

姜太公钓鱼——愿者上钩

借了一角还十分——分文不差

荆轲(kē)献地图——暗藏杀机

K

筷子穿针眼——难进

孔夫子拜师——不耻下问

快刀斩乱麻——迎刃而解

> 只要先把石头炸开，后面的问题就能"快刀斩乱麻——迎刃而解"了。

孔明借东风——巧用天时

孔夫子搬家——净是输（书）

苦水里泡黄连——苦上加苦

开花期遇暴雨——结果不好

开着电扇聊天——尽说风凉话

L

腊月摇扇子——反常

聋子的耳朵——摆设

老虎屁股——摸不得

鲤鱼吃水——吞吞吐吐

老鼠的眼睛——一寸光

梁山的军师——无(吴)用

刘备借荆州——有借无还

老鼠钻烟筒——直来直去

老鼠进书房——咬文嚼(jiáo)字

> 这架钢琴对于不懂音乐的她来说就像"聋子的耳朵——摆设"。

> 不要指望他来给你送书,他一直都是"刘备借荆州——有借无还"的主儿。

M

猫哭耗子——假慈悲

麻雀虽小——五脏俱全

马尾穿豆腐——提不起来

盲人吃汤丸——心中有数

棉花里藏针——柔中有刚

门缝里看人——把人看扁了

木匠戴枷(jiā)——自作自受

> 别看我们的生产小组规模小,那也是"麻雀虽小——五脏俱全"的。

N

泥牛入海——无消息
泥菩萨过江——自身难保
拿着扫帚上杏树——扫兴（杏）

> 他都"泥菩萨过江——自身难保"了，哪里还有工夫来找你麻烦。

P

螃蟹过街——横行霸道
泼出去的水——收不回
婆婆太多——媳妇难当

> 说出口的话，就像"泼出去的水——收不回"了。

Q

骑驴看唱本——走着瞧
砌墙的砖头——后来居上
墙头上的草——随风两边倒
秋后的蚂蚱——蹦跶不了几天

> 那咱们就"骑驴看唱本——走着瞧"吧！

R

热锅上的蚂蚁——团团转
肉包子打狗——有去无回
肉案上的买卖——斤斤计较
人心隔肚树隔皮——难相识

> 我看你这钱是"肉包子打狗——有去无回"了。

S

水仙不开花——装蒜
水中捞月——一场空
三十六计——走为上计
塞翁失马——焉知非福
三个臭皮匠——顶个诸葛亮
十五个吊桶打水——七上八下

> 同学们欢欢喜喜地准备了好几天,没想到最后却是"水中捞月——一场空"。

T

兔子上树——赶急了
剃头担子——一头热
铁公鸡——一毛不拔
兔子的尾巴——长不了
头上顶灯笼——自作高明
太平洋上的警察——管得宽

> 形容非常吝啬。例如:王大爷简直就是个"铁公鸡——一毛不拔"。

W

外甥打灯笼——照旧(舅)
蚊子找蜘蛛——自投罗网
王八吃秤砣(tuó)——铁了心

> 你这不是"蚊子找蜘蛛——自投罗网"吗?

X

瞎子点灯——白费蜡
瞎子坐上席——目中无人
小和尚念经——有口无心
小葱拌豆腐—— 一清(青)二白

> 因为他总是"瞎子坐上席——目中无人",所以大家都不喜欢他。

Y

哑巴吃黄连——有苦说不出
阎王爷写文章——鬼话连篇
一餐吃个大胖子——谈何容易
油瓶倒了也不扶——懒到家了

> 他一直都是"阎王爷写文章——鬼话连篇",你可不要相信他。

Z

纸里裹火——藏不住
芝麻开花——节节高
竹篮打水—— 一场空
丈二和尚——摸不着头脑
猪鼻子里插大葱——装相(象)
猪八戒照镜子——里外不是人
猪八戒败阵——倒打一耙(pá)

> 老师夸奖小明的学习成绩是"芝麻开花——节节高"。

第五部分 句 子

一、句子的类型

句子是由词或短语(也叫词组)按照一定的结构规则组成的,具有一定的语气、语调,可以表达一个相对完整意义的基本语言单位。小学阶段常见的句型有以下几种:

(一)基本句型

❶ 陈述句

用来告诉别人一件事或说明一个道理,表示陈述语气的句子叫陈述句。陈述句的语调是平调,在书面语的句末一般用句号。

例如: ①她的姐姐是律师。

②我们的沙发是红色的。

❷ 疑问句

用来提出一个问题的句子叫疑问句。疑问句句尾语调上升,常常带有疑问词"呢""吗"

"呀""么"等。疑问句书面语的句末用问号。

> **特别提示**
>
> 这里所讲的疑问句是有疑而问的,还有一种无疑而问的句子,叫反问句。反问句并不是真正提出问题来要求听话人回答,而是为了加强说话语气而采用疑问的方式,它实际上是陈述句的一种强调的说法。例如:这么好的老师,我们怎么会不喜欢呢?

❸ 祈使句

用来表示命令、请求、希望、禁止或劝阻等意思的句子叫祈使句。根据语气的强弱,祈使句书面语的句末可以用感叹号,也可以用句号。

例如:①请把门关上。

②不许随地吐痰!

❹ 感叹句

用来抒发强烈感情(喜欢、愤怒、悲伤或恐惧、惊讶、厌恶等),表示感叹语气的句子叫感叹句。感叹句书面语的句末用感叹号。

例如:这支曲子太美了!

(二)特殊句型

❶ 双重否定句

先后运用两个否定词来表示肯定的句子。

例如：①没有一个人不为他的演讲鼓掌。

②他不会不来参加会议的。

❷ 设问句

先提出问题,再做出回答的句子。

例如：英语很难学吗？我觉得不是。

❸ "把"字句

在句子中用"把"字来表示处置关系,这样的句子叫作"把"字句。"把"字常常用在两种事物的名称之间,表示前者处置了后者。

例如：我把作业做完了。

❹ "被"字句

在句子中用"被"字来表示处置关系,这样的句子叫作"被"字句。"被"字用在两种事物的名称之间,表示后者处置了前者。

例如：①房屋被洪水冲垮了。

②他被老师罚写检讨了。

二、关联词语

❶ 并列关系

一边……一边……　　又……又……
一面……一面……　　既……又……
不是……而是……　　有时……有时……
那么……那么……
一会儿……一会儿……

几个分句分别说明、描写几种事物,或者从几个方面说明、描写同一事物,各分句之间在意义上可以是相关的,也可以是相对或相反的。

例如:①妹妹一边唱歌,一边跳舞。

②天空是那么晴朗,空气是那么清新。

❷ 承接关系

……才　　　　……接着
……便　　　　……从而
……然后……　……于是
一……就……　首先……接着……

几个分句按一定的顺序,相承相连地说下去,表示连续的动作或连续发生的一系列事件。

例如:①小狗一听到主人的脚步声,就摇头摆尾地跑到门口迎接主人。

②他放下书包,然后就出去打篮球了。

❸ 因果关系

……因此……　　　因为……所以……

……因为……　　　由于……因而……

既然……就……　　既然……那么……

之所以……是因为……

两个分句一个是原因,一个是结果。可能是前因后果,也可能是前果后因。

例如:①今年夏天之所以这么热,是因为降雨太少。

②既然你坚持,那么我就和你一起去吧。

> **特别提示**
> ①"因为……所以……"的后一分句表示结果是已经实现或可以肯定的事实。
> ②"既然……就……"的后一分句表示结果将要实现。

❹ 转折关系

虽然……但是……　　……可是……
尽管……还是……

后面分句的意思是前面分句意思的转折。

例如： ①弟弟虽然只有两岁半，但是已经认识好几百个字了。

②尽管我带伞了，还是淋湿了书包。

❺ 选择关系

是……还是……　　不是……就是……
要么……要么……　　或者……或者……
与其……不如……　　宁可……也不……

两个分句表达两种情况，要从中选择一种。

例如： ①这本书是你的，还是你妹妹的？

②他宁可死也不投降。

❻ 假设关系

如果……就……　　要是……就……
假如……就……　　倘若……就……
即使……也……

前面分句提出假设条件后,后面分句说明在这一假设条件下产生的结果。

例如: ①如果明天不下雨,我们就去爬山。

②即使工作很累,爸爸也坚持每天都陪我写作业。

❼ 条件关系

只要……就……　　只有……才……
除非……才……　　无论……都……

前面分句提出条件,后面分句说明在这种条件下所产生的结果。

例如: ①除非写完作业,你才可以看电视。

②无论有多困难,我都会坚持下去。

❽ 递进关系

不但……而且……　　不光……还……
不仅……而且……　　不仅……还……

后面分句比前面分句意思更加深一层(范围扩大、程度加深、数量增多等)。

例如: ①这里不但风景优美,而且物产丰富。

②人不光要会说,还要会做。

> **巧记歌诀**
>
> "不但""而且"表递进,"虽然""但是"表转折,"只有"和"才"表条件,"如果"和"就"表假设,"因为""所以"表因果,"不是""就是"表选择,"首先""然后"表承接,相关相反为并列。

三、造句

造句就是把词语按照一定规则组织成能表达一个完整意思的句子。

造句的形式一般有给词造句、照例句仿写、用关联词语造句三种。

❶ 给词造句

给词造句要求运用给定的词语来构造句子,在理解词语的基础上训练造句。例如:

①用"可爱"造句:奶奶家里养了一只可爱的小花猫。

②运用"赞美"一词写一句话:李白用诗歌来赞美祖国的壮丽山河。

❷ 照例句仿写

照例句仿写要求仿照例句的格式构造一个句子，是考查对几种普通句式和特殊句式的理解。例如：

①例句：翠鸟背上的羽毛像浅绿色的外衣似的。

仿句：村子前面的小山包，远远望去像一个绿色的大绒团似的。

②例句：如果你是一棵小草，就请冲破土壤，给人们带去一份绿色。

仿句：如果你是一缕阳光，就请穿透云层，给大地带去一线光明。

❸ 用关联词语造句

用关联词语造句是考查对关联词语的掌握以及构造句子的能力，在造句时要考虑关联词语所表示的句意关系。例如：

①用"因为……所以……"造句：因为今天是星期天，所以我不用去上学。

②用含有转折意义的关联词写一句话：虽然我知道他骗了我，但是我仍然原谅了他。

四、改写句子

(一)扩写

扩写句子就是在简单的句子上加一些适当的修饰和限制词语,使句子的意思表达得更具体、更生动、更形象。

扩写时注意:不能改变原句的基本成分、基本意思、语气和语调;扩充的词语要跟原句的词语搭配得当;添加的成分要注意排列顺序。例如:

例句:同学们打球。

扩句:(五年级三班的)同学们(正在新建的羽毛球馆里)(高高兴兴地)打(羽毛)球。

可以看出,原句的意思是完整的,但不具体、不明确,加上括号内的修饰成分扩写后,就把人物、地点、心理状态等交代清楚了,句子也就更形象了。

(二)缩写

缩写句子就是去掉句子中起修饰、限制作

用的"枝叶",保留使句子意思完整的"主干"部分,把句子缩写成一个最简单的句子。

缩写时注意:保留原句的基本意思,不能改变句型;把句子中的修饰词语尽可能全部去掉,不能去一点,留一点;句子中的"不、无、没有"等否定词不能去掉,否则会颠倒句子原意;句子中的"着、了、过"和"啊、吗、呀、呢"等语气词要保留,否则会改变句子的句式、语气和情感。例如:

例句:鹅毛般的苇絮在微风的吹拂下飘飘悠悠地飞起来。

缩句:苇絮飞起来。

原句表达得非常生动,带有一定的描述性,去掉修饰成分后,缩句直接陈述主要部分"谁(苇絮)""是什么"或"怎么样(飞起来)",句意简单明了。

(三)变换句式

变换句式就是在保持原句内容不变的前提下,把句子的表达形式按一定的要求从一种形式改变成为另一种形式的练习。

❶ "把"字句和"被"字句的变换

（1）把陈述句改为"把"字句或"被"字句。例如：

陈述句：夜莺的歌声打破了夏日的沉寂。

"把"字句：夜莺的歌声把夏日的沉寂打破了。

"被"字句：夏日的沉寂被夜莺的歌声打破了。

> **方法技巧**
>
> ①把陈述句改为"把"字句，就是在原句前面的"谁"或"什么"后面加个"把"字，并把做什么的顺序颠倒。
>
> ②如果把陈述句改为"被"字句，就是把原句后面的"谁"或"什么"提到前面，中间加上"被"字。

（2）"把"字句与"被"字句互改。例如：

"把"字句：昨夜的狂风把路边的小树吹得东倒西歪。

"被"字句：路边的小树被昨夜的狂风吹得东倒西歪。

方法技巧

将"把"字句与"被"字句互换,就是将原句前面的"谁"或"什么"和后面的"谁"或"什么"位置对调,并将"把"字和"被"字互换。

❷ 肯定句和否定句的互换

对事物做出肯定判断的句子,我们称为肯定句。反之,对事物做出否定判断的句子,称为否定句。句中只有一个否定词,称为单纯否定句;句中有两个否定词的,如"……非……不可""……不能不……",称为双重否定句,双重否定句表示肯定的意思。例如:

肯定句:我承认这是个好主意。

否定句:我承认这不是个坏主意。

双重否定句:我不得不承认这是个好主意。

特别提示

一般来讲,同样一句话,用肯定的句式比用否定的句式语气更重一些,双重否定句比肯定句的语气还要重,能起到强调、加重语气的作用。

❸ 陈述句与其他句式的互换

(1)陈述句和反问句的互换。

陈述句直接陈述要表达的意思,语调比较平稳。反问句则是通过反问的语气,把原来陈述的意思进一步强调,表意更肯定,感情更强烈,语调更高。例如:

①陈述句:不劳动,连棵花也养不活,这是真理。

反问句:不劳动,连棵花也养不活,这难道不是真理吗?

②陈述句:这本书很重要,我必须好好保管。

反问句:这本书很重要,我岂能不好好保管呢?

> **方法技巧**
>
> ①陈述句改反问句时,一定要加上"难道、怎么、岂能、岂"等反问词,句末还要加上"吗、呢"等语气词,把句号改成问号。
>
> ②反问句改陈述句时,要去掉反问词和语气词,再把问号改成句号。

(2)陈述句和疑问句的互换。例如:

陈述句:校领导决定在开学一周后举行迎新晚会。

疑问句:校领导决定在开学一周后举行迎新晚会吗?

> **方法技巧**
>
> ①陈述句改疑问句时,一定要在句末加上"吗、呢、啊"等语气词,然后把句号改成问号。
>
> ②疑问句改陈述句时,要去掉末尾语气词,再把问号改成句号。

(3)陈述句和感叹句的互换。例如:

陈述句:爷爷带我在山上采的这些花儿很美丽。

感叹句:爷爷带我在山上采的这些花儿多么美丽啊!

> **方法技巧**
>
> ①陈述句改感叹句时,要在句子里增加表示强烈感情的副词和表示感叹的语气词,并将句号改成感叹号。
>
> ②感叹句改陈述句时,要去掉句中表示强烈感情的副词和表示感叹的语气词,再把感叹号改成句号。

❹ 直接叙述和间接叙述的互换

直接叙述是把某人的话直接描述出来。若

把一个人说的话改为第三人称的转述,叫作间接叙述。例如:

直接叙述:雨来说:"我在屋里写作业,什么也没看见。"

间接叙述:雨来说,他在屋里写作业,什么也没看见。

> **方法技巧**
>
> **直接改间接的"三改一不改"**
>
> ①改换人称,将对话中的人称代词"我""你""我们"等改成"他(她)"或"他(她)们"。
>
> ②改动标点,将冒号改为逗号,双引号去掉。
>
> ③适当地调整词语,使语句通顺。
>
> ④不改变句子的意思。

❺ 因果关系的句式变化

因果关系的句式变化或强调因,或强调果,或因果关系并重。例如:

强调因:田忌赢了第二场比赛,因为他调换了马的出场顺序。

因果关系并重:因为田忌调换了马的出场顺序,所以他赢了第二场比赛。

五、整理句序

说话总有一定的顺序,一段话或一篇文章也有一定的结构。整理句序就是把排列混乱、条理不清的几句话整理成排列有序、条理清楚的一段话的练习。整理排列错乱的句子时,要找出它们的内在联系,然后按照一定的关系或顺序进行排列。例如:

①我穿过院子向北屋走去。

②我想:这就是我要访问的那位老教师吧?

③院子里静悄悄的,收拾得干干净净。

④屋里坐着一位头发花白的老年人,正在对一群孩子讲着什么。

⑤我轻轻推开院门。

⑥我朝屋里望去。

⑦屋门敞开着,一眼就望见迎面墙上的彩色画。

⑧靠近屋门有一棵松树,长得高大挺拔。

读了上面8句话，我们知道这段话是讲"我"去访问一位老教师的经过。从这几句话看，是按"推开院门"——"看到院子里"——"穿过院子，看到北屋"——"朝屋里望去"——"屋里坐着"——"心想"的过程叙述的。按照上面的思路，这几句话应排列成⑤③⑧①⑦⑥④②的顺序，这样句子就连贯了，表达的意思也清楚了。

> **方法技巧**
>
> **整理句序的步骤**
>
> ①理解句意，明确中心。②分析关系，确定结构。③找出首句，反复试排。④认真检查，适当修改。

六、修改病句

(一)常见病句类型

❶ 成分残缺

（1）缺少主语：由于她这样的好成绩，得到了老师和同学们的赞扬。

🔸 应改为"由于这样的好成绩,她得到了老师和同学们的赞扬"。

(2)缺少谓语:旧社会,劳动人民吃不饱,穿不暖的生活。

🔸 去掉"的生活",或在"吃"前加"过着"。

(3)缺少宾语:工商局查清了这家商场擅自提价。

🔸 应在句末加上"的问题"。

❷ 搭配不当

(1)主谓搭配不当:他的革命精神时刻浮现在我眼前。

🔸 "精神"与"浮现"不能构成主谓关系,可将"精神"改为"形象"。

(2)动宾搭配不当:纪念三八节的到来。

🔸 "纪念"的只能是"三八节",不能是"到来"。应把"纪念"改为"迎接",或把"的到来"去掉。

(3)修饰语和中心词搭配不当:我们严肃

地研究了职工们的建议,又虚心地征求了专家们的意见。

▶ "严肃"不能修饰"研究",可以把"严肃"改为"认真"或"慎重"等。

(4)复句中关联词搭配不当:对他的错误,不但不应该袒(tǎn)护,而应该提出批评。

▶ 句中两个分句是递进关系,应把"而"改为"而且"。

❸ 语序不当

(1)定语排列顺序不当:历史博物馆里展出了两千多年前新出土的文物。

▶ 应将"两千多年前"改为"两千多年前的",并将之与"新出土的"调换顺序。

(2)状语排列顺序不当:在这片神奇的土地上上一世纪曾发生过一场血战。

▶ "上一世纪"应放在"在这片神奇的土地上"前面。

(3)定语状语混淆,位置不当:这次期末考试同学们普遍的成绩提高了。

▶"普遍"应放在"提高"的前面,作为状语修饰"提高",而非作为定语修饰"成绩"。

(4)关联词语的位置不当:他如果不能实事求是,事业就会受到损失。

▶"如果"应放在"他"前面。

一般来说,两个分句有同一个主语时,关联词语在主语后边;有不同主语时,关联词语在主语前边。

(5)虚词的位置不当:他把这个问题不怎么放在心上。

▶介词结构"把这个问题"应放在"放"前面。

❹ 重复啰唆

(1)李大爷老了,头上的头发全白了。

▶头发不在头上在哪里呢?可见"头上的"三个字是不必要的,应该删去。

(2)老马和老李一起多次反复地进行水稻高产试验。

▶"多次"和"反复"是一个意思,不必重复使用，应删去其中一个。

❺ 前后表达不一致或矛盾

（1）这场篮球赛胜败的关键是队员们的齐心协力。

▶ 前半句讲"胜败"，后半句只讲"胜"，两面对一面，不一致，应将"胜败的关键"改为"取胜的关键"，或将"队员们的齐心协力"改为"队员们能否齐心协力"。

（2）王芳同学到现在还没有来，大家断定她大概是生病了。

▶ "断定"表示肯定的结论，而"大概"表示不准确的估计，两者相矛盾，去掉"大概"或去掉"大家断定"。

❻ 分类不当

（1）造纸术是中国的四大发明。

▶ 中国的四大发明包括火药、指南针、造纸术和印刷术，"造纸术"只是其中一个，应该是"四大发明之一"。

(2)我爱吃苹果、香蕉、黄瓜等水果。

🟠 "黄瓜"属于蔬菜类,不是水果。

❼ 修辞不当

(1)八名运动员像脱缰的野马,潮水般地涌向终点。

🟠 "八名运动员"怎能形成"潮水般"的气势,况且把"运动员"比喻成"野马"也不太合适。

(2)湖面平静得像绸缎。

🟠 "绸缎"是光滑的、柔软的,把"湖面"比喻成"绸缎"不合适。

❽ 褒贬不分

(1)我们的李老师像狐狸一样聪明。

🟠 形容人时,"狐狸"是贬义词,"老师像狐狸"有讽刺意味,不合适。

(2)敌人的神机妙算被我军给识破了。

🟠 "神机妙算"是褒义词,"敌人"是贬义词,用在"敌人"身上不合适,可将"神机妙算"改为"阴谋诡计"。

(二)修改病句的原则

❶ 病因要查清

在修改病句之前,先要查清这个句子究竟是什么毛病,所以面对一个病句,先要认真读几遍,再做进一步分析,只有确定病因,才能对症下药。

举例来说:"小明从衣袋里把红领巾戴在脖子上。""从衣袋里"是不能"把红领巾戴在脖子上"的。因为"红领巾"还没有"从衣袋里"拿出来。

❷ 修改尽量少

修改病句时,要使用"增、删、调、换"等方法,尽量少动、小改。

举例来说:"他穿着一双黑皮鞋和一顶白帽子。"这个病句错在"穿"不能和"一顶白帽子"搭配,修改时应做细微调整。可改为"他穿着一双黑皮鞋,戴着一顶白帽子"。

❸ 原意必保留

在修改病句时,不管你使用什么方法,修改后句子的表达形式可以小有出入,但是句意不能有丝毫改变。

举例来说:"北京是个美丽的景色"可以改为"北京是个美丽的地方",但不能改成"北京是中华人民共和国的首都"。

(三)常用修改病句的符号

① ⌐┘(删除符号)   ② ⊥(增添符号)

③ ⌐┘⌐┘(替换符号)

④ ⌐┘(左右词语互换位置)

⑤ ⌐┘┐(中间词语或标点不动,左右词语互换位置)

巧记歌诀

检查语病要细心,先看主干主谓宾,
残缺搭配是病因;再看枝叶定状补,
能否搭配中心语。下面语病常常见,
熟悉现象心有底:是否恰当用词语,
语序是否属合理,前后矛盾不统一,
语言重复又多余,增删调换百病医。

七、名言警句

热爱祖国

* 先天下之忧而忧,后天下之乐而乐。(范仲淹)
* 我们爱我们的民族,这是我们自信心的泉源。(周恩来)
* 一个没有祖国的人,像一个没家的孩子,永远都是孤独的。(尤今)
* 我是中国人民的儿子,我深情地爱着我的祖国和人民。(邓小平)
* 唯有民魂是值得宝贵的,唯有他发扬起来,中国才有真进步。(鲁迅)
* 我爱我的祖国,爱我的人民,离开了她,离开了他们,我就无法生存,更无法写作。(巴金)

人生价值

* 你若要喜爱你自己的价值,你就得给世界创造价值。(歌德)
* 一个人的价值,应当看他贡献什么,而不应当看他索取什么。(爱因斯坦)

* 对于我来说,生命的意义在于设身处地替人着想,忧他人之忧,乐他人之乐。(爱因斯坦)
* 人的生命是有限的,可是,为人民服务是无限的。我要把有限的生命,投入到无限的为人民服务之中去。　　　　　　　(雷锋)
* 果实的事业是尊贵的,花的事业是甜美的,但还是让我在默默献身的阴影里做叶的事业吧。　　　　　　　　　　　(泰戈尔)
* 我的一生始终保持着这样一个信念:生命的意义在于付出,在于给予,而不是接受,也不是在于争取。　　　　　　　(巴金)

珍惜时间

* 莫等闲、白了少年头,空悲切。　　　(岳飞)
* 少壮不努力,老大徒伤悲。　　　(《长歌行》)
* 少年易老学难成,一寸光阴不可轻。

(朱熹)

* 盛年不重来,一日难再晨。及时当勉(miǎn)励,岁月不待人。　　　　　　　(陶渊明)
* 合理安排时间,就等于节约时间。　　(培根)

* 时间就像海绵里的水,只要愿挤,总还是有的。　　　　　　　　　　　(鲁迅)
* 时间就是生命,无端的空耗别人的时间,其实是无异于谋财害命的。　(鲁迅)

热爱青春

* 青春是美妙的,挥霍青春就是犯罪。(萧伯纳)
* 寻常的山花凋谢了,还会再开,而我们的青春却一去不复返。　　　　　(王尔德)
* 青春是有限的,智慧是无穷的,趁短短的青春,去学习无穷的智慧。　　(高尔基)
* 一生最好是少年,一年最好是春天,一朝最好是清晨。　　　　　　　　(李大钊)

勤奋学习

* 学而时习之,不亦说(yuè)乎?　　(《论语》)
* 温故而知新,可以为师矣。　　　　(《论语》)
* 聪明在于学习,天才在于积累。　　　(列宁)
* 勤能补拙是良训,一分辛苦一分才。(华罗庚)
* 业精于勤,荒于嬉;行成于思,毁于随。(韩愈)

* 天才是百分之一的灵感加上百分之九十九的汗水。　　　　　　　　　　（爱迪生）
* 才华是刀刃，辛苦是磨刀石，很锋利的刀刃，若日久不用石磨，也会生锈，成为废物。

　　　　　　　　　　　　　　　　（老舍）

热爱读书

* 读书破万卷，下笔如有神。　　　　（杜甫）
* 旧书不厌百回读，熟读深思子自知。（苏轼）
* 读一本好书，就是和许多高尚的人谈话。

　　　　　　　　　　　　　　　　（高尔基）
* 在人类一切健康的消遣(qiǎn)中，读书是最高尚的。　　　　　　　　　　　（培根）
* 一本书像一艘船——带领我们从狭隘(ài)的地方，驶向生活的无限广阔的海洋。

　　　　　　　　　　　　　　（海伦·凯勒）
* 只看一个人的著作，结果是不大好的：你就得不到多方面的优点。必须如蜜蜂一样，采过许多花，这才能酿(niàng)出蜜来。倘若叮在一处，所得就非常有限，枯燥了。　（鲁迅）

热爱科学

* 问号是开启任何一门科学的钥匙。

（巴甫洛夫）

* 探索真理比占有真理更为可贵。（爱因斯坦）
* 一切推理都必须从观察与实验中得来。

（伽利略）

* 在科学上最好的助手是自己的头脑,而不是别的东西。 （法布尔）
* 既异想天开,又实事求是,这是科学工作者特有的风格,让我们在无穷的宇宙长河中去探索无穷的真理吧。 （郭沫若）
* 在科学上没有平坦的大道,只有不畏劳苦沿着陡峭山路攀登的人,才有希望达到光辉的顶点。 （马克思）

理想与志向

* 有志者,事竟成。 （《后汉书》）
* 有志不在年高,无志空长百岁。（《传家宝》）
* 路漫漫其修远兮(xī),吾将上下而求索。

（屈原）

* 不想当将军的士兵不是好士兵。 （拿破仑）
* 理想是指路明灯。没有理想,就没有坚定的方向;没有方向,就没有生活。 （托尔斯泰）
* 理想必须要人们去实现它。这就不但需要决心和勇敢,而且需要知识。 （吴玉章）

真诚与守信

* 言必信,行必果。 （《论语》）
* 与朋友交,言而有信。 （《论语》）
* 精诚所至,金石为开。 （《后汉书》）
* 有所期诺,纤毫必偿;有所期约,时刻不易。 （《袁氏世范》）
* 兄弟敦(dūn)和睦,朋友笃(dǔ)诚信。（陈子昂）
* 真诚与朴实是天才的宝贵品质。 （斯坦尼斯拉夫斯基）
* 信用既是无形的力量,也是无形的财富。 （松下幸之助）
* 失足,你可以马上恢复站立;失信,你也许永难挽回。 （富兰克林）

道德修养

* 己所不欲,勿施于人。　　　　　(《论语》)
* 爱亲者,不敢恶于人;敬亲者,不敢慢于人。

　　　　　　　　　　　　　　(《孝经》)
* 爱人者,人恒爱之;敬人者,人恒敬之。

　　　　　　　　　　　　　　(《孟子》)
* 种树者必培其根,种德者必养其心。

　　　　　　　　　　　　　　(《传习录》)
* 勿以恶小而为之,勿以善小而不为。(刘备)
* 正直是道德之本。　　　　　(迈哈福兹)
* 要想根除旷野里的杂草,方法只有一种,那就是在上面种上庄稼。同样,要想铲除灵魂里的杂草,唯一的方法就是用美德去占据它。

　　　　　　　　　(《哲学家的最后一课》)

持之以恒

* 合抱之木,生于毫末;九层之台,起于累土;千里之行,始于足下。　　　　(《老子》)
* 不积跬(kuǐ)步,无以至千里;不积小流,无

以成江海。　　　　　　　　（《荀子》）
* 欲速，则不达；见小利，则大事不成。（《论语》）
* 苟有恒，何必三更眠五更起；最无益，莫过一日曝(pù)十日寒。　　　　　　（胡居仁）

保护环境

* 善待地球就是善待自己。
* 有限的资源，无限地循环。
* 珍惜自然资源，共营生命绿色。
* 山上树木光，山下走泥浆。治山治水不栽树，有土有水保不住。植树造林镇风沙，遍地都是好庄稼。　　　　　　　（《古今贤文》）

生活哲理

* 流水不腐，户枢不蠹(dù)。　（《吕氏春秋》）
* 甘瓜苦蒂，天下物无全美。　　　（《墨子》）
* 使卵石臻(zhēn)于完美的，并非锤的打击，而是水的且歌且舞。　　　　　　（泰戈尔）
* 其实地上本没有路，走的人多了，也便成了路。　　　　　　　　　　　　　（鲁迅）

* 困难像弹簧，看你强不强。你强他就弱，你弱他就强。　　　　　　　　　（雷锋）
* 机会来的时候像闪电一样短促，完全靠你不假思索地去利用。　　　　（巴尔扎克）
* 如果你把快乐告诉一个朋友，你将得到两个快乐，而如果你把忧愁向一个朋友倾诉，你将被分掉一半忧愁。　　　　　　（培根）

八、对联

名胜联

* 草堂留后世　诗圣著千秋
　　　　　　　　　（成都杜甫草堂联）
* 青山有幸埋忠骨　白铁无辜铸佞(nìng)臣
　　　　　　　　　（岳飞墓联）
* 四面荷花三面柳　一城山色半城湖
　　　　　　　　　（山东济南大明湖联）
* 一径竹阴云满地　半帘花影月笼纱
　　　　　　　　　（北京颐和园月波楼联）
* 树红树碧高低影　烟淡烟浓远近秋
　　　　　　　　　（四川青城山真武殿联）

* 清风明月本无价　近水遥山皆有情

　　　　　　　　　（江苏苏州沧浪亭联）

春　联

* 山河增秀色　大地沐春晖
* 梅开春烂漫　竹报岁平安
* 春回大地人间暖　绿染乾坤（qiánkūn）万物苏
* 绿柳舒眉辞旧岁　红桃开口贺新年
* 天增岁月人增寿　春满乾坤福满门
* 神州有天皆丽日　祖国无处不春风

写景联

* 杨柳绿千里　春风暖万家
* 黄莺鸣翠柳　紫燕剪春风
* 两岸晓烟杨柳绿　一园春雨杏花红
* 绿水本无忧，因风皱面
  青山原不老，为雪白头
* 春雨洗尘埃（āi）一片清新好风景
  东风送和煦（xù）千株红艳最芬芳

励志联

- 风声雨声读书声,声声入耳
  家事国事天下事,事事关心
- 两耳不闻窗外事　一心只读圣贤书
- 发愤识遍天下字　立志读尽人间书
- 修身治国生死无惧　敬业奉公宠辱不惊

实用联

寿联

- 福如东海长流水　寿比南山不老松
- 花甲重逢,增加三七岁月
  古稀双庆,更多一度春秋

挽联

- 高风传千里　亮节照后人
- 美德堪称典范　遗训长昭(zhāo)子孙

婚联

- 鱼水千年合　芝兰百世荣
- 百年恩爱双心结　千里姻缘一线牵
- 海枯石烂同心永结　地阔天高比翼齐飞

叠字联

* 水水山山处处明明秀秀
  晴晴雨雨时时好好奇奇
* 重重叠叠山,曲曲环环路
  叮叮咚咚泉,高高下下树
* 翠翠红红,处处莺莺燕燕
  风风雨雨,年年暮暮朝朝

顶针联

* 楼外青山,山外白云,云飞天外
  池边绿树,树边红雨,雨落溪边
* 水车车水,水随车,车停水止
  风扇扇风,风出扇,扇动风生
* 大肚能容,容天下难容之事
  开口便笑,笑世间可笑之人

回文联

* 地满红花红满地　　天连碧水碧连天
* 雾锁山头山锁雾　　天连水尾水连天

第六部分　标点符号

一、标点符号的种类

现在常用的标点符号有 16 种,分为点号和标号两大类。点号包括逗号、句号、问号、感叹号、冒号、分号和顿号,其作用是表示语言中的种种停顿。标号包括引号、括号、破折号、省略号、书名号、着重号、间隔号、连接号和专名号,其作用是标明语句的性质和作用。

二、常用标点用法举例

❶ 句号(。)

（1）用于陈述句的末尾。

例如:北京是中华人民共和国的首都。

（2）用于语气舒缓的祈使句末尾。

例如:请您稍等一下。

(3)用于语气舒缓的感叹句末尾。

例如:我不由得感到,这些普通劳动者也同样是很值得尊敬的。

方法技巧
①一件事情陈述完了用句号。
②讲述另外一件事用句号。
③前后主语发生变化用句号。

2 问号(?)

(1)用于疑问句的末尾。

例如:他叫什么名字?

(2)用于反问句的末尾。

例如:难道你不了解我吗?

特别提示
①有疑问词语的陈述句末尾不能用问号。例如:没有人知道他们在哪里。
②选择问句的中间不能用问号。例如:明天的会议是你去呢,还是我去呢?
③在呼语与问语中间不能用问号。例如:王红,你不认识我了?

❸ 感叹号(！)

（1）用于感叹句的末尾。

例如：我们要为祖国的繁荣昌盛而奋斗！

（2）用于语气强烈的祈使句末尾。

例如：停止射击！

（3）用于语气强烈的反问句末尾。

例如：我哪里比得上他呀！

> **特别提示**
> ①语气舒缓的祈使句末尾不能用感叹号。
> 例如：请把窗户关上。
> ②在并非句末的地方不能用感叹号。
> ③在貌似感叹而目的并不在于表达情感的陈述句末尾不能用感叹号。例如：我不禁感叹，平凡的石油工人也能创造巨大的财富。

❹ 逗号(，)

（1）句子内部主语与谓语之间如需停顿，用逗号。

例如：我们看得见的星星，绝大多数是恒星。

（2）句子内部动词与宾语之间如需停顿，

用逗号。

例如：应该看到，科学需要一个人贡献出毕生的精力。

（3）句子内部状语后边如需停顿，用逗号。

例如：对于这个城市，他并不陌生。

（4）复句内各分句之间的停顿，除了有时要用分号外，都要用逗号。

例如：据说苏州园林有一百多处，我到过的不过十多处。

5 顿号(、)

（1）用于句子内部并列词语之间的停顿。

例如：云南风景优美、气候宜人，吸引了大批来自国内外的游客。

（2）用于需要停顿的重复词语之间。

例如：在警察的质问下，他几次三番、几次三番地辩解着。

6 分号(;)

分号表示的停顿，一般比逗号大，比句号

小,常用于并列分句间的停顿。

例如:语言,人们用来抒情达意;文字,人们用来记言记事。

❼ 冒号(:)

(1)用于书信、讲话稿中称谓语或称呼语后边,表示提起下文。

例如:亲爱的妈妈:

　　　我好想你啊……

(2)用于"说、想、是、证明、宣布、指出、透露、例如、如下"等词语后边,提起下文。

例如:①他十分惊讶地说:"啊,原来是你帮我擦的桌子!"

　②事实雄辩地证明:只有全心全意为人民服务的人,才能得到人民的拥戴。

(3)用于总说性话语的后边,表示引起下文的分说。

例如:北京紫禁城有四座城门:午门、神武门、东华门、西华门。

(4)用于需要解释的词语后边,表示引出解释或说明。

例如:他们知道与其欺骗我说外祖母睡着了,还不如对我说实话:外祖母永远不会回来了。

(5)用于总括性话语的前边,以总结上文。

例如:想不通,九头牛也拉不动;想通了,不要人说就直往前冲:他就是这样一个直性子。

> **特别提示**
>
> **人物对话中的标点使用**
>
> ①"××说"在前,话在后,"说"后用冒号。例如:他转过头,对我说:"我在外面等你。"
>
> ②"××说"在中间,话在"××说"的前后,"说"后用逗号。例如:"是吗?"爸爸有些疑惑地说,"真有这样的事?"
>
> ③"××说"在后,话在前,"说"后用句号。例如:"这个小伙子真棒!"一名观众说。

❽ 引号(" "/' ')

(1)用于行文中直接引用的部分。

例如:"满招损,谦受益"这句格言,流传到今天至少有两千年了。

(2)用于需要着重论述的对象。

例如:古人对于写文章有个基本要求,叫作"有物有序"。"有物"就是要有内容,"有序"就是要有条理。

(3)用于具有特殊含义的词语。

例如:这样的"聪明人"还是少一点好。

(4)引号里面还要用引号时,外面一层用双引号,里面一层用单引号。

例如:他站起来问:"老师,'有条不紊'是什么意思?"

巧记歌诀

学习标点并不难,形状用法记心间。
逗号(,)小点带尾巴,话没说完用它点。
句号(。)是个小圆圈,表示一句话说完。
顿号(、)像粒黑芝麻,并列词语点中间。
问号(?)形状像耳朵,表示一句问话完。
冒号(:)就是两圆点,要说的话写后边。
分号(;)两点拖条尾,用在并列分句间。
叹号(!)像颗手榴弹,表示惊喜和感叹。

第七部分 修 辞

一、比喻

比喻就是"打比方",即两种不同性质的事物彼此有相似点,便用一种事物(喻体)来比方另一事物(本体)的修辞方法。比喻能将要表达的内容说得生动、具体、形象,给人以鲜明深刻的印象。

比喻有三种类型:明喻、暗喻和借喻。

❶ 明喻

甲像乙。本体、喻体都出现,常用"像、似的、好像、如、宛如、好比、犹如、仿佛"之类的比喻词。

例如:①那小姑娘好像一朵花一样。

②生活犹如欣赏一幅古画,越看越觉珍贵。

❷ 暗喻

甲是乙。本体、喻体都出现,常用"是、成

为、变成、变为"之类的比喻词。

例如:再近些,只见白浪翻滚,形成一道两丈多高的白色城墙。

❸ 借喻

乙代甲。本体和比喻词都不出现,直接以喻体代本体。

例如:①我看见母亲的鬓边又添了一些银丝。

②小虫沉没在老松树的黄色泪珠里。

> **特别提示**
>
> **"像"字句不一定都是比喻句**
>
> 例如:①他长得像他爸爸。(做比较)
>
> ②这天阴沉沉的,像要下雨了。(表猜测)
>
> ③东北有许多特产,像木耳、猴头、人参等。(表举例)
>
> ④在大森林里,你不能像个客人,得像个主人。(表说明)

二、拟人

拟人是把物当作人写,赋予物以人的言行或思想感情的一种修辞方法。拟人可把禽、兽、鸟、虫、花、草、树木或其他无生命的事物当成人写,使具体事物人格化,语言生动形象。

例如:①小草偷偷地从地里钻出来,打量着这个新奇的世界。

②延安,你的精神灿烂辉煌!

> **特别提示**
>
> **比喻和拟人的区别**
>
> 拟人句不能有"人"的出现,也不能有比喻词。例如:
> ①啄木鸟在给树治病。(拟人)
> ②啄木鸟像医生一样给树治病。(明喻)
> ③啄木鸟是树的医生。(暗喻)

三、夸张

对事物的性质、特征、作用、程度等故意地夸大或缩小的修辞方法叫夸张。夸张可揭示事物本质,烘托气氛,增强渲染力,引起联想效果。夸张的类别有:

❶ 扩大夸张

对事物的形状、性质、特征、作用、程度等

加以夸大。

例如：柏油路晒化了，甚至铺户门前的铜牌好像也要晒化。

❷ 缩小夸张

对事物的形状、性质、特征、作用、程度等加以缩小。

例如：①他呀，心眼儿小得只有针眼儿大。

②这巴掌大的地方，你还想盖房子？

❸ 超前夸张

在时间上把后出现的事物提前一步。

例如：①她还没有端起酒杯，就已经醉了。

②她一点儿胃口也没有，饭还没入口，人就已经饱了。

> **特别提示**
>
> **夸张不等于说大话**
>
> 夸张虽然是对某一事物进行扩大或缩小的描述，但不是无原则地夸大或缩小，它和说大话、说假话是完全不同的两回事，它是艺术地扩大或缩小，要有艺术性。

四、排比

排比也叫排语、排句,是把三个或三个以上结构相同或相似、语气一致的词组或句子排列在一起,来表达相关的内容,借以增强表达效果的一种修辞方法。

例如: ①海上的夜是柔和的,是静寂的,是梦幻的。

②漓江的水真静啊,静得让你感觉不到它在流动;漓江的水真清啊,清得可以看见江底的沙石;漓江的水真绿啊,绿得仿佛那是一块无瑕的翡翠。

> **方法技巧**
>
> **排比的运用技巧**
>
> ①要注意各句间的关系,如时间先后、范围大小、程度轻重,加以合理安排。
>
> ②要有真情实感,不要拼凑词句。

五、反问

反问是无疑而问,是用疑问形式来表达确

定的意思,以加强语气的一种修辞方法。用肯定形式反问表否定,用否定形式反问表肯定。

例如: ①这是闹着玩的吗?(用肯定形式表示否定意思。)

②我呢,我难道没有应该责备的地方吗?(用否定形式表示肯定意思。)

六、设问

设问是为了引起别人的注意,故意先提出问题,然后自己回答的一种修辞方法。设问可提醒人们思考,有时是为了突出某些内容。

例如: 海底是否没有一点儿声音呢?不是的。海底的动物常常在窃窃私语。

> **特别提示**
> **反问与设问的区别**
> ①设问不表示肯定什么或否定什么,反问则明确表示肯定和否定的内容。
> ②反问的作用是加强语气;设问的作用是提出问题,引起注意,启发思考。

七、对比

对比是把正反两种不同的事物或者同一事物相对的两个方面,放在一起相互比较的一种修辞方法。

例如: 有的人活着,他已经死了;有的人死了,他还活着。

八、对偶

对偶就是用字数相等、结构形式相似、意义相近、相关或相反的一对短语或句子,表达两个相对或相近的意思的一种修辞方法。

例如: ①横眉冷对千夫指,俯首甘为孺子牛。

②宝剑锋从磨砺出,梅花香自苦寒来。

> **特别提示**
>
> **对比和对偶的区别**
>
> ①对比主要是意义、内容的相反或相对,而不管结构形式如何。
>
> ②对偶主要是结构形式上的对称,要求字数相等、结构相同或相似。

九、反复

为了表达强烈的感情,有意重复使用某个词语、句子或句组,这种修辞方法叫反复。反复用于说理性文章中,起强调作用;用于抒情性文章中,起加强感情的作用。

❶ 连续反复

例如: ①风!你咆哮吧!咆哮吧!尽力地咆哮吧!

②沉默呵,沉默呵!不在沉默中爆发,就在沉默中灭亡。

❷ 间隔反复

例如: 那就是白杨树,西北极普通的一种树,而绝不是一种平凡的树。……这就是白杨树,西北极普通的一种树,然而实在是一种不平凡的树。

特别提示

反复不是重复

反复是一种修辞,起增强语气、强化感情的作用,而重复则是一种语病。

十、引用

说话或写文章时,为了完整地表达某个意思,而使用名言、史实、资料、诗词、成语、典故等,作为自己的语言成分或论述的例证,这种修辞方法叫引用。引用可以使语言生动活泼、丰富多彩,能增强话语的说服力和战斗力。引用分为直接引用和间接引用两种类型。

❶ 直接引用

正面明白地引用原句,一般在引用部分的前面或后面说明其出处来源。

例如:"虚心使人进步,骄傲使人落后",我们应该记住这一真理。

❷ 间接引用

一般不说明出处,直接把引文组织到文章中去,使之浑然一体。

例如:山间绿树红花,江上竹筏小舟,让你感到像是走进了连绵不断的画卷,真是"舟行碧波上,人在画中游"。

第八部分　古诗词

诗中江

* 江南好,风景旧曾谙(ān)。日出江花红胜火,春来江水绿如蓝。　　（白居易《忆江南》）
* 竹外桃花三两枝,春江水暖鸭先知。
　　　　　　　　　（苏轼《惠崇〈春江晚景〉》）
* 朝辞白帝彩云间,千里江陵一日还。
　　　　　　　　　　　　（李白《早发白帝城》）
* 孤帆远影碧空尽,唯见长江天际流。
　　　　　　　　　（李白《黄鹤楼送孟浩然之广陵》）
* 天门中断楚江开,碧水东流至此回。
　　　　　　　　　　　　　（李白《望天门山》）

诗中河

* 国破山河在,城春草木深。　　（杜甫《春望》）
* 大漠孤烟直,长河落日圆。（王维《使至塞上》）
* 飞流直下三千尺,疑是银河落九天。
　　　　　　　　　　　　（李白《望庐山瀑布》）

❋ 黄河远上白云间,一片孤城万仞(rèn)山。

（王之涣《凉州词》）

诗中湖

❋ 毕竟西湖六月中,风光不与四时同。

（杨万里《晓出净慈寺送林子方》）

❋ 湖光秋月两相和,潭面无风镜未磨。

（刘禹锡《望洞庭》）

❋ 欲把西湖比西子,淡妆浓抹总相宜。

（苏轼《饮湖上初晴后雨》）

❋ 卷地风来忽吹散,望湖楼下水如天。

（苏轼《六月二十七日望湖楼醉书》）

诗中海

❋ 海内存知己,天涯若比邻。

（王勃《送杜少府之任蜀州》）

❋ 海日生残夜,江春入旧年。

（王湾《次北固山下》）

❋ 长风破浪会有时,直挂云帆济沧海。

（李白《行路难》）

❋ 白日依山尽,黄河入海流。（王之涣《登鹳雀楼》）

诗中花

* 待到重阳日,还来就菊花。

  (孟浩然《过故人庄》)
* 夜来风雨声,花落知多少。(孟浩然《春晓》)
* 桃花一簇开无主,可爱深红爱浅红。

  (杜甫《江畔独步寻花》)
* 杨花落尽子规啼,闻道龙标过五溪。

  (李白《闻王昌龄左迁龙标遥有此寄》)

诗中草

* 天苍苍,野茫茫,风吹草低见牛羊。

  (《敕勒歌》)
* 离离原上草,一岁一枯荣。

  (白居易《赋得古原草送别》)
* 谁言寸草心,报得三春晖。(孟郊《游子吟》)
* 种豆南山下,草盛豆苗稀。

  (陶渊明《归园田居》)

诗中柳

* 山重水复疑无路,柳暗花明又一村。

  (陆游《游山西村》)

❈ 两个黄鹂鸣翠柳,一行白鹭(lù)上青天。

(杜甫《绝句》)

❈ 此夜曲中闻折柳,何人不起故园情。

(李白《春夜洛城闻笛》)

❈ 沾衣欲湿杏花雨,吹面不寒杨柳风。

(志南《绝句》)

诗中雨

❈ 好雨知时节,当春乃发生。(杜甫《春夜喜雨》)
❈ 绿遍山原白满川,子规声里雨如烟。

(翁卷《乡村四月》)

❈ 寒雨连江夜入吴,平明送客楚山孤。

(王昌龄《芙蓉楼送辛渐》)

❈ 春潮带雨晚来急,野渡无人舟自横。

[韦应物《滁(Chú)州西涧》]

❈ 渭城朝雨浥(yì)轻尘,客舍青青柳色新。

(王维《送元二使安西》)

诗中雪

❈ 北风卷地白草折,胡天八月即飞雪。

[岑参(Cén Shēn)《白雪歌送武判官归京》]

* 欲将轻骑逐,大雪满弓刀。（卢纶《塞下曲》）
* 孤舟蓑笠翁,独钓寒江雪。（柳宗元《江雪》）
* 窗含西岭千秋雪,门泊东吴万里船。

（杜甫《绝句》）
* 柴门闻犬吠(fèi),风雪夜归人。

（刘长卿《逢雪宿芙蓉山主人》）

诗中鸟

* 月出惊山鸟,时鸣春涧中。（王维《鸟鸣涧》）
* 春眠不觉晓,处处闻啼鸟。（孟浩然《春晓》）
* 泥融飞燕子,沙暖睡鸳鸯。 （杜甫《绝句》）
* 众鸟高飞尽,孤云独去闲。

（李白《独坐敬亭山》）

诗中月

* 小时不识月,呼作白玉盘。

（李白《古朗月行》）
* 月黑雁飞高,单于夜遁逃。（卢纶《塞下曲》）
* 大漠沙如雪,燕山月似钩。 （李贺《马诗》）
* 人有悲欢离合,月有阴晴圆缺。

（苏轼《水调歌头·明月几时有》）

✤ 月落乌啼霜满天,江枫渔火对愁眠。

(张继《枫桥夜泊》)

> 诗中云

✤ 只在此山中,云深不知处。

(贾岛《寻隐者不遇》)
✤ 野径云俱黑,江船火独明。(杜甫《春夜喜雨》)
✤ 远上寒山石径斜,白云生处有人家。

(杜牧《山行》)
✤ 黑云翻墨未遮山,白雨跳珠乱入船。

(苏轼《六月二十七日望湖楼醉书》)
✤ 云淡风轻近午天,傍花随柳过前川。

[程颢(hào)《春日偶成》]

> 诗中山

✤ 会当凌绝顶,一览众山小。　　(杜甫《望岳》)
✤ 空山不见人,但闻人语响。　　(王维《鹿柴》)
✤ 不识庐山真面目,只缘身在此山中。

(苏轼《题西林壁》)
✤ 相看两不厌,只有敬亭山。

(李白《独坐敬亭山》)

❋ 两岸青山相对出,孤帆一片日边来。

(李白《望天门山》)

诗中酒

❋ 开轩面场圃(pǔ),把酒话桑麻。

(孟浩然《过故人庄》)

❋ 葡萄美酒夜光杯,欲饮琵琶马上催。

[王翰(hàn)《凉州词》]

❋ 白日放歌须纵酒,青春作伴好还乡。

(杜甫《闻官军收河南河北》)

❋ 莫笑农家腊酒浑,丰年留客足鸡豚(tún)。

(陆游《游山西村》)

❋ 借问酒家何处有,牧童遥指杏花村。

(杜牧《清明》)

诗中春

❋ 等闲识得东风面,万紫千红总是春。

[朱熹(xī)《春日》]

❋ 春色满园关不住,一枝红杏出墙来。

(叶绍翁《游园不值》)

- 迟日江山丽,春风花草香。 （杜甫《绝句》）
- 草长莺飞二月天,拂堤杨柳醉春烟。

  [高鼎(dǐng)《村居》]
- 不知细叶谁裁出,二月春风似剪刀。

  （贺知章《咏柳》）

诗中夏

- 小荷才露尖尖角,早有蜻蜓立上头。

  （杨万里《小池》）
- 接天莲叶无穷碧,映日荷花别样红。

  （杨万里《晓出净慈寺送林子方》）
- 梅子金黄杏子肥,麦花雪白菜花稀。

  （范成大《四时田园杂兴》）
- 水光潋滟(liànyàn)晴方好,山色空蒙雨亦奇。　（苏轼《饮湖上初晴后雨》）

诗中秋

- 峨眉山月半轮秋,影入平羌(qiāng)江水流。

  （李白《峨眉山月歌》）
- 洛阳城里见秋风,欲作家书意万重。

  （张籍《秋思》）

* 一曲高歌一樽(zūn)酒,一人独钓一江秋。

(王士禛《题秋江独钓图》)
* 萧萧梧叶送寒声,江上秋风动客情。

(叶绍翁《夜书所见》)
* 停车坐爱枫林晚,霜叶红于二月花。

(杜牧《山行》)

诗中冬

* 墙角数枝梅,凌寒独自开。(王安石《梅花》)
* 千山鸟飞绝,万径人踪灭。(柳宗元《江雪》)
* 千里黄云白日曛(xūn),北风吹雁雪纷纷。

(高适《别董大》)
* 忽如一夜春风来,千树万树梨花开。

(岑参《白雪歌送武判官归京》)

诗中边塞生活

* 秦时明月汉时关,万里长征人未还。

(王昌龄《出塞》)
* 黄沙百战穿金甲,不破楼兰终不还。

(王昌龄《从军行》)

* 马上相逢无纸笔，凭君传语报平安。

（岑参《逢入京使》）

* 羌笛何须怨杨柳，春风不度玉门关。

（王之涣《凉州词》）

* 醉卧沙场君莫笑，古来征战几人回？

（王翰《凉州词》）

诗中田园风光

* 绿树村边合，青山郭外斜。

（孟浩然《过故人庄》）

* 一水护田将绿绕，两山排闼（tà）送青来。

（王安石《书湖阴先生壁》）

* 乡村四月闲人少，才了蚕桑又插田。

（翁卷《乡村四月》）

* 童孙未解供耕织，也傍桑阴学种瓜。

（范成大《四时田园杂兴》）

* 茅檐低小，溪上青青草。

（辛弃疾《清平乐·村居》）

诗中乡情

* 举头望明月，低头思故乡。（李白《静夜思》）

❋ 烽火连三月，家书抵万金。　（杜甫《春望》）
❋ 露从今夜白，月是故乡明。

（杜甫《月夜忆舍弟》）
❋ 春风又绿江南岸，明月何时照我还。

（王安石《泊船瓜洲》）
❋ 独在异乡为异客，每逢佳节倍思亲。

（王维《九月九日忆山东兄弟》）
❋ 风一更，雪一更，聒(guō)碎乡心梦不成。

（纳兰性德《长相思》）

诗中送别

❋ 春草明年绿，王孙归不归？（王维《山中送别》）
❋ 劝君更尽一杯酒，西出阳关无故人。

（王维《送元二使安西》）
❋ 又送王孙去，萋萋满别情。

（白居易《赋得古原草送别》）
❋ 桃花潭水深千尺，不及汪伦送我情。

（李白《赠汪伦》）
❋ 莫愁前路无知己，天下谁人不识君。

（高适《别董大》）

同步教材

小学生超好用的便携工具书

各科教材重点知识大集结，语文字词句段、数学例题公式、英语原文对译单词短语句型全包括

漫画讲知识，学习更轻松

录音、视频、二维码，大量增值内容，不一样的知识获取体验

字号大，行距宽，保护视力不伤眼

附赠教材习题答案，自学使用更方便

低年级同步学习工具书
高年级小升初备考宝典

详细梳理教材知识，同时添加大量课内外资料，内容丰富

词条式目录、索引，**查阅方便**

全彩漫画解读，轻轻松松学知识

大字号，大行距，不伤眼，完美保护视力

知识讲解与配套练习，搭配使用，**提高学习效率**